働きながらでも博士号はとれる

Takayuki Tomaru
都丸孝之

研究社

目 次

本書の特徴　　7

第1章 働きながらでも博士号はとれる　　13

- **1-1.** 社会人学生の増加と博士号取得への意識の向上　　16
- **1-2.** 博士学位の種類　　20
- **1-3.** 博士課程に在籍する社会人学生の年齢　　23
- **1-4.** 博士号取得までの年数　　26
- **1-5.** 博士号取得後の進路　　30
- **1-6.** 博士号を取得することのメリット　　32
  - ① 広い視野で仕事ができるようになる　　32
  - ② 論理的思考能力の向上　　33
  - ③ 転職に有利か？　　34
  - ④ ビジネス交渉　　35
  - ⑤ 企業内での昇給・昇進　　36
  - ⑥ 大学教員への道　　37
  - ⑦ 起 業　　38
- **1-7.** 博士課程では好きな勉強ができる　　40
- **1-8.** 博士号取得のための全体プロセス　　43

第2章 博士課程入学までのプロセス　45

2-1. 研究テーマの選択　46
2-2. 大学院、指導教員の選び方　48
2-3. 博士号の短期取得プログラム　53
2-4. 研究計画書作成と、指導教員との事前合意　55
2-5. 博士課程の入学試験　58

第3章 博士課程入学後の研究活動　62

3-1. 研究室配属、講義履修、研究報告　62
3-2. 博士中間審査会　65
3-3. 学会への論文投稿　67
3-4. 仕事と研究を両立させるためのテクニック　69
① 論文の調査テクニック　69
② 研究と会社の実務との連動　71
③ 指導教員は研究のペースメーカー　72
④ 平日の早朝と土日の時間の使い方　74

第4章　学会論文投稿のプロセス　76

4-1. 学会論文の種類　76
4-2. 学会論文投稿のプロセス　78
4-3. 学会入会と懇親会の参加　81
4-4. 学会論文の構成と書き方　84
4-5. 仮説、検証型の研究スタイル　88
4-6. 先行研究（学術論文）の検索　91
4-7. 研究の独自性　94
4-8. 論文の審査員（査読者）が重要視する項目　97
4-9. 論文投稿のテクニック　99
　① 特集号（Special Edition）への投稿　99
　② 短期査読サービスの活用　102
4-10. 論文投稿でやってはいけないこと　104

第5章　最終関門：博士審査のプロセス　107

5-1. 博士審査のプロセス　107
5-2. 博士号取得に必要な査読付き学術論文数　112
5-3. 博士論文の研究テーマ　115
5-4. 国際会議、国内学会発表の落とし穴　117

5-5. 博士論文執筆の注意点 　119
① 早い段階での執筆準備 　119
② 論文の構成と矛盾点を解消 　120
③ 先輩方の博士論文を参考にする 　123
④ 要旨、課題設定、研究目標、結論、謝辞は手を抜かない 　125

5-6. 博士学位審査 　127
① 副査のアサイン 　129
② 公聴会プレゼン資料の作成時に陥る罠 　131
③ プレゼンの練習を何度も繰り返す 　133

第6章 博士号取得が私の人生を変えた 　142

6-1. 木を見て森も見る 　142
6-2. 新規事業創出ができない 　146
6-3. 事業コーディネータとしてキャリア転身 　150

謝辞 　155

参考文献 　159

本書の特徴

　本書は、働きながら博士号取得を目指す社会人をターゲットにしており、これから大学院に入学して博士号取得を目指す方、博士課程に入学したが、学位をとるためのプロセスを十分理解していない方を対象とし、博士号取得のための体系的な方法を解説したものである。

　働きながら博士号を取得する社会人は年々増加傾向にあるが、大学院博士課程の入学試験の方法や、入学試験合格のノウハウ、学位取得に必要な学術論文数、社会人学生のための研究テーマの見つけ方、博士の学位最終審査のプロセスなど、体系的に博士号の取得方法を記述した書籍は、世の中にほとんど出回っていない。

　従って、働きながら博士号をとりたい社会人は、入学を検討している大学院の教員へ個別に問い合わせしたり、インターネットなどに掲載されている博士号取得の体験記などを参考にしたりしているのではないだろうか。

　実際、博士号取得に意欲のある社会人の中には、取得のプロセスを理解していない者も多くいる。私が以前所属していた企業の元同僚含め、いろいろな企業の方から、大学院博士課程の入学試験の方法、博士号取得の要件、学位審査内容、論

文投稿の方法などについて相談を受ける。彼らはみな、世の中に出回っている書籍や、インターネットだけの情報源では、十分情報を得られず、困っている様子である。

　実はこうした声にこたえるべく、博士課程在籍中に、「博士取得に関するアドバイス」という、学位取得の全体のプロセス、学会論文を短期間で採択してもらうためのテクニック、博士最終審査などについて記載したメモを、後輩のために残した。

　複数の社会人学生が、そのメモを手に取り、実際に博士号を取得している。このうちの何名かは、博士学位論文の謝辞に私の名前を入れてくださっている。

　本書の大きな特徴を以下に記す。

・本書は、社会人学生をターゲットとしており、働きながら博士の学位取得を目指す社会人をサポートする。仕事と研究を両立させるためのテクニックを含めた、社会人学生に有益な情報を掲載している。
・大学院の選び方、博士課程の入学試験に合格するための方法、さらに入学試験で必ず聞かれる口頭試問の内容も記述している。
・学会投稿論文の書き方、学会論文の査読者（審査員）の立場からのアドバイスなど、なかなか世の中に出回っていな

い情報を提供する。
・時間がない社会人のための、研究テーマの選定方法、学会論文を短期間で採択してもらうためのテクニックを紹介する。
・博士号取得を考えている社会人学生だけでなく、修士課程の社会人の方にも参考になるよう配慮した。

　本書は、私が社会人学生として経験した、博士号取得までの苦労や気づきをまとめたものであり、私見も含まれている。なるべくすべての学問分野の方に参照してもらいたいと努力しているが、一部合致しない箇所もあるかと思う。その点はご容赦いただきたい。

　通常は修士課程から博士課程に進学し、修士課程の研究を博士課程で継続するのが一般的であるが、本書は、社会人が博士課程入学後、新たに研究を始めることを想定して執筆している。

　これから社会人学生として博士課程の入学を検討されている方、博士号取得に向け、学会論文を執筆する方にとって、参考になれば幸いである。是非、本書を手に取っていただき、働きながら博士号の取得を目指していただきたい。

平成26年6月
都丸孝之

働きながらでも博士号はとれる

博士最終審査会(公聴会)風景
(慶應義塾大学大学院システムデザイン・マネジメント研究科、2014年)

第1章 働きながらでも博士号はとれる

　本章では、博士号には興味があるが、働きながら博士号はとれるのか、博士課程に入学する動機、博士課程に入学する人たちの年齢はどのくらいなのか、また、博士号を取得するためには、どの程度の期間を要するものなのか、さらには、仕事との両立は可能なのか、など、博士号に関する社会人の疑問についてお答えしたい。

　加えて、社会人が博士号を取得することのメリット、社内での昇給・昇進、キャリアアップのための転職などについても述べたいと思う。

　社会人は、働きながら講義を受講し、研究を進めなければならないため、平日夜間、土曜日に講義を受けることのできる大学院に入学することが望ましい。働きながら博士号を取得できる大学院については、第2章で詳しく紹介することにする。

　私も働きながら博士号をとった一人としてアドバイスするならば、ずばり「働きながら博士号はとれる！」と言える。

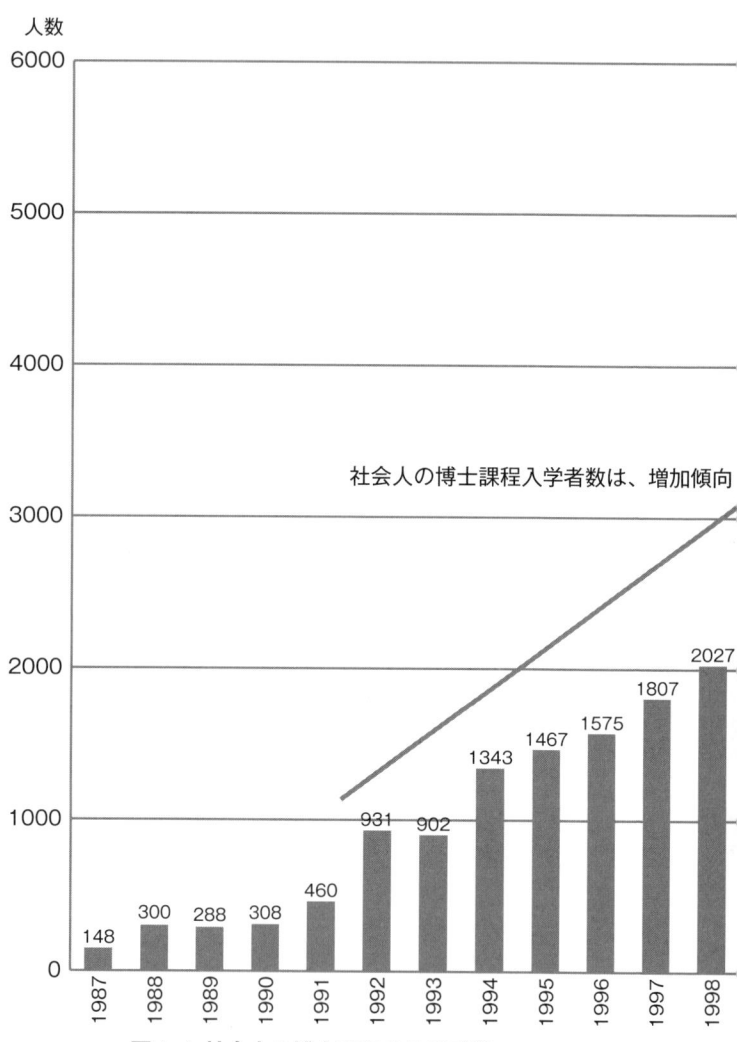

図1-1 社会人の博士課程の入学者数
出所：文部科学省「平成24年度学校基本調査」の資料を基に作成

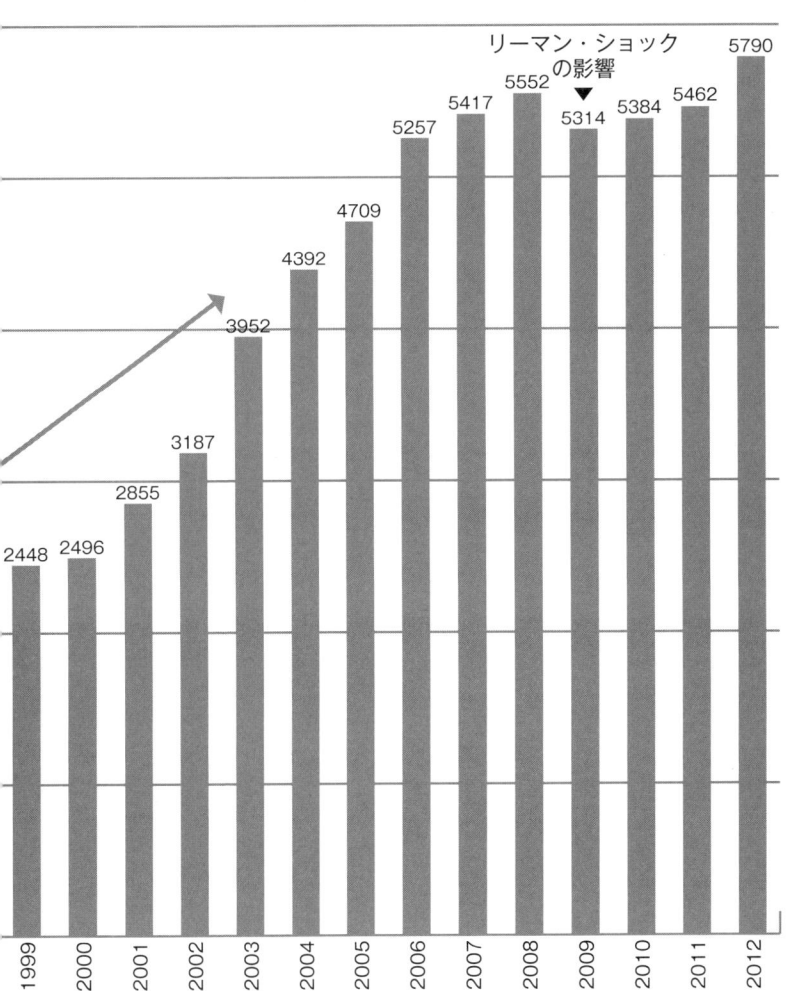

第1章●働きながらでも博士号はとれる

1-1. 社会人学生の増加と博士号取得への意識の向上

　図1-1は、博士課程に入学する社会人の人数を示したものである。このデータによると、博士課程に入学する社会人の割合は年々増加傾向にある。これは、社会人をターゲットにし、夜間、土曜日に講義を行う、または、都心で講義を受講できるなど、社会人が通学しやすい環境を大学院が整えており、その努力の成果が現れてきていることも大きい。

　2012年度においては、社会人の博士課程の入学者数は、5,790名にものぼる。博士課程の社会人の数は年々増加しており、社会人学生の博士号取得について、非常に関心が高いということがうかがえる。2009年度は若干人数が減少しているが、これはリーマン・ショックの影響で一時的に所得が減少し、博士課程への進学を控えたものだと推測される。

　また、博士課程に入学する人の社会人割合がどの程度か皆さんはご存じだろうか。図1-2に示すように、**博士課程に進学する37％が社会人経験者**なのだ。

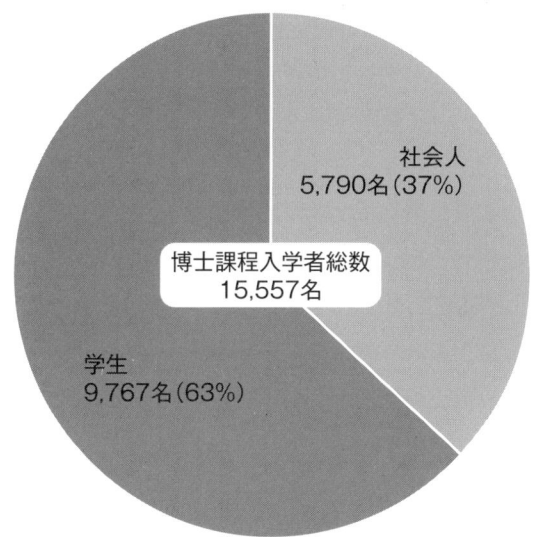

図1-2 博士課程入学者の社会人の割合
出所：文部科学省「平成24年度学校基本調査」の資料を基に作成

　社会人が働きながら大学院博士課程に入学し、学び直す動機としては以下のようなものがある。

① 将来のキャリアの見直し

　今のまま今後も継続して仕事をしていたら、現在の職種のまま定年を迎えることになり、キャリアを大きく前進させることができない。また、別の新たなキャリアの道が開かれないまま、一生を終えてしまう、という危機感から、大学院の博士課程に入学する社会人もいる。将来自分が何になりたい

のか、何をしたいのか迷い、とりあえず大学院に入学し、学び直すことで、自分のキャリアを考えるきっかけをつくりたいという目的である。

② 自分の専門と異なる分野を学びたい

　同じ仕事を長年していると、視野が狭くなり、自分の専門分野以外の知識をあまり必要だと思わなくなってしまう。そのため、自分自身の専門となる分野の幅を広げようと、大学院の博士課程に入学したという社会人も多い。実際に、製品やソフトウェアのエンジニア、医療関係者、マスコミ従事者などが、マーケティングやファイナンスを含むビジネスの分野、地域活性化などの社会学の分野、公共政策や国際政治などの政治学の分野で学んでいる。最近は、複数の博士号、修士号をもつ社会人も増えてきている。

③ 会社業務のマンネリ化からの脱却

　何年も同じ仕事をしており、会社の業務にマンネリ化を感じており、何か変化を起こしたいが、なかなか契機を作れないでいる。それなりに業務の経験、知識があるが、それを十分生かせないまま今に至っている。大学院で新しい経験、知識を取り入れ、会社の業務のマンネリ化から脱却し、自分自身の仕事に対する意識の変革を起こしたい、と考えるようである。

④ 博士号のステータスが欲しい

　社内はもちろん、世間的に認めてもらうために、博士号を取得したいという社会人もいる。博士の学位は、大学教育における最上位の学歴であり、これより上の学歴は存在しない。博士号は、日本国内だけでなく、海外でも通用するワールドワイドな資格として認められる。博士号をもつことで、その分野の専門家として認めてもらえるだけでなく、ロジカルシンキング能力など、総合的な力が備わっていることを示せると考え、取得を目指すようだ。

　社会人が働きながら学び直す動機はそれぞれ異なるが、修士課程を修了後、一度社会に出て働くことで、実務上の課題を認識し、その課題を解決すべく、博士課程で学び直そうという前向きな人が増えてきている。これは非常に喜ばしいことだ。

　博士課程の社会人の比率は、年々増加傾向にあり、近い将来、博士課程入学者の約半数が、社会人経験者になるものと推測される。しかし海外と比べれば、日本での博士号取得者の数は、先進国の中でもまだまだ少ない方である。社会人には是非、働きながら積極的に博士号を取得してもらいたいと思う。

1-2. 博士学位の種類

　図1-3は、日本国内における博士課程の学問別在籍者の割合を示している。分野としては、人文学、社会科学、理学、工学、農学、医療・保健、教育、家政、芸術、などに分類される。博士課程の学問別在籍者の割合は、医療・保健が32.7%と最も多く、続いて工学20.2%、人文学、社会学、理学が8%前後と続いている。

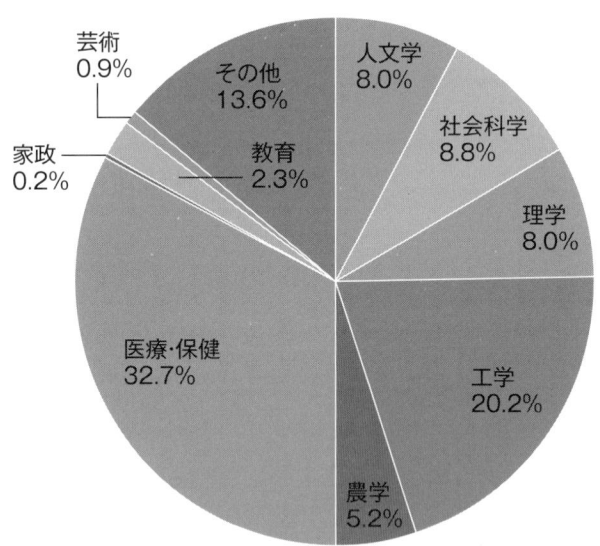

図1-3 博士課程在籍者の学問別分類
出所：文部科学省「各大学院における「大学院教育振興施策要綱」に関する取組の調査結果について（平成23年度）」の資料を基に作成

表1-1 博士学位の種類(同志社大学)

研究科	博士学位の種類
神学	神学、一神教研究
文学	哲学、英文学、英語学、文化史学、国文学、芸術学
社会学	社会福祉学、メディア学、教育文化学、社会学、産業関係学
法学	法学、政治学
経済学	経済学
商学	商学
総合政策科学	政策科学、ソーシャル・イノベーション、技術・革新的経営
文化情報学	文化情報学
理工学	工学、理学
生命医科学	工学、理学
心理学	心理学
スポーツ健康科学	スポーツ健康科学
グローバル・スタディーズ	グローバル社会研究、現代アジア研究、アメリカ研究
脳科学	理学

出所:「同志社大学 大学院・専門職大学院案内2015」

それぞれの学問分野において取得できる博士の学位はさまざまである。表1-1は、同志社大学大学院で取得できる博士学位の種類を示したものだ。取得できる学位も、時代の背景とともに多様性に富んでおり、「グローバル社会研究」「ソーシャル・イノベーション」などのように、その大学院特有のユニークな学位も存在する。

　自分が希望する大学院、研究科でとのような学位の取得が可能なのか、大学院のホームページや、指導を仰ぐ教員に確認されたい。博士の学位の名称は、その分野でのプロフェッショナルであることを意味する。従って、社会人の皆さんが、博士号をとった後のキャリアにおいても、そのアイデンティティが一生ついてまわることになる。自分の専門とする研究分野と、取得したい博士の学位の名称についても、大学院入学前にきっちりと確認しておきたいところである。

　なお、私の所属している、慶應義塾大学大学院システムデザイン・マネジメント研究科では、システムエンジニアリング学、システムデザイン・マネジメント学の学位を選ぶことができる。私の場合は、エンジニアリングについての研究に従事していたこと、さらには将来、技術マネジメントを行いたかったことから、システムエンジニアリングの学位を選択した。

1-3. 博士課程に在籍する社会人学生の年齢

　博士号取得に年齢は関係ないと断言できる。学びに関してはいくつになっても、遅いということはない。図1-4は、全国における博士課程入学者の年齢分布を示したものである。この図から分かるように、博士課程に入学する人は、下は22歳から、上は60代、70代までいる。

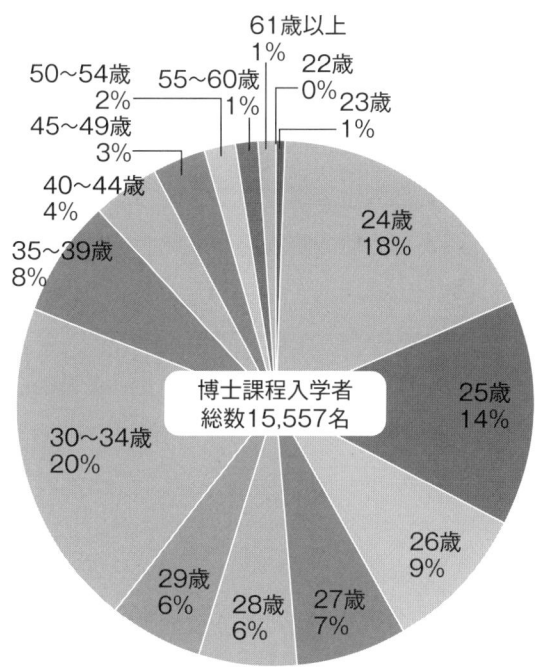

図1-4 博士課程入学者の年齢分布（全国）
出所：文部科学省「平成24年度学校基本調査」の資料を基に作成

61歳以上が、博士課程入学者総数の1％程度とはいえ、143人もいるというのは驚きである。会社を定年退職した後に、博士課程に入学し、博士号の取得にチャレンジする方もいる。慶應義塾大学大学院の私のクラスメートで、70歳近くで博士号を取得した社会人学生もいた。この方は、毎日こつこつと自分の研究を行いながら、日米の学会に論文投稿し、夜間、土曜日に大学に通い、6年近くかけて博士号を取得している。博士課程入学者のうち、30～60代の割合が約40％ということを考えると、学びや研究に年齢は関係ないと断言できよう。

　ただ、残念なことに社会人学生の多くが、博士号を途中であきらめて退学しているという事実もあり、博士号取得をあきらめない強い気持ちが大事である。

　なお、私の所属している慶應義塾大学大学院システムデザイン・マネジメント研究科では、博士課程の入学者の9割近くが社会人経験者である。また、30歳以上の割合が、実に90％近くあり、修士課程を終え、一定期間働いた後に、博士課程に入学している [図1-5]。中でも40代以上の割合が、65％を占めており、会社の中でもマネージャー以上のキーとなる役職の方が多いというのも一つの特徴である。

　また、在籍している社会人学生も、さまざまなバックグラウンドを持っている。例をあげると、弁護士、ジャーナリスト、高等学校教員、大学教員、建築士、栄養士、医療・介護、保健業、商社マン、経営コンサルティング、銀行・証券マン、

電気・機械設計者、ソフトウェア設計者、公務員、上場企業の経営者、他にもさまざまな職種の方が、社会人学生として在籍している。

さらに、社会人の受け入れを進めている大学院の多くは、民間企業、政府機関、官公庁などで実務経験豊富な教員が、実際に講義および研究指導を行っている。そのため、社会人学生にとっては学びやすい環境にある。

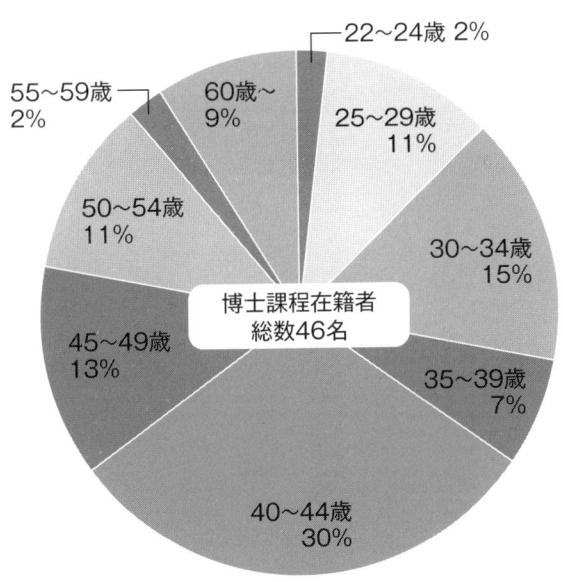

図1-5 博士課程在籍者の年齢分布
出所：慶應義塾大学大学院システムデザイン・マネジメント研究科(2014年)

1-4. 博士号取得までの年数

　図1-6、表1-2は、博士課程の標準修業年限内での学位授与率を示したものである。このデータから分かるように、標準修業年限（3年以内）で博士号を取得する割合は、全体として約40％と、思ったより低いということが分かる。特に、人文学、社会科学、教育の分野においては、標準修業年限内で博士号を取得する人の割合は10～15％程度であり、標準修業年限内で博士号を取得するのは、非常に困難だと言える。

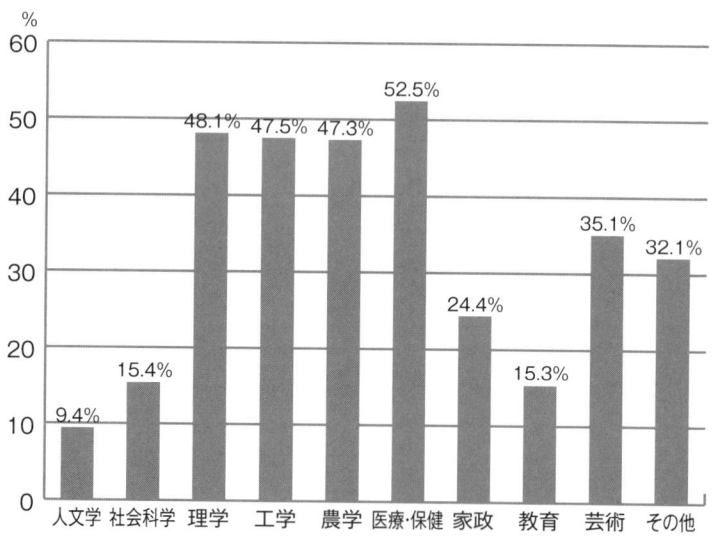

図1-6 標準修業年限内での博士学位授与率
出所：文部科学省「各大学院における「大学院教育振興施策要綱」に関する取組の調査結果について（平成23年度）」の資料を基に作成

表1-2 標準修業年限内での博士学位授与率（人数）

	博士課程 標準年限修了数	博士課程 在籍者総数	標準修業年限内 博士学位授与率 (%)
人文学	137	1453	9.4
社会科学	247	1602	15.4
理学	702	1458	48.1
工学	1745	3673	47.5
農学	449	950	47.3
医療・保健	3123	5943	52.5
家政	10	41	24.4
教育	65	424	15.3
芸術	60	171	35.1
その他	794	2470	32.1
合計	7332	18185	40.3

出所：文部科学省「各大学院における「大学院教育振興施策要綱」に関する取組の調査結果について（平成23年度）」の資料を基に作成

　逆に、理学、工学、農学、医療・保健の分野では、標準修業年限内で博士号をとる人が50％前後と比較的高い。理系の場合、文学系などに比べると、研究の対象を、実験などを通じた定量的データとして示せるため、学術論文としてまとめやすいのではないだろうか。これが、人文学などの分野に比

べ、比較的短い期間で博士号をとる理由と思われる。

また、このデータは、社会人学生だけでなく、一般学生（学部、修士、博士と進学した学生）も含まれている。普段時間のとれない社会人が3年以内で博士号を取得するのは、さらに大変だということが容易に想像できるであろう。

かくいう私も、働きながら博士号を取得するまで4年かかった。なぜ、博士号取得が、標準修業年限内で終わらないのであろうか。

この疑問については、「第4章　学会論文投稿のプロセス」で詳しく述べるが、博士の学位を申請するためには、学術論文を学会に投稿し、採択（アクセプト）される必要があり、複数本の学術論文が要る。学術論文は、論文投稿、査読者による論文審査と修正要求、論文修正、場合によっては再実験を伴う論文修正もあるため、採択されるまで数カ月、長ければ数年かかる。

また、学術論文を執筆するためには、数年単位での研究期間が必要となることから、博士の学位を申請するまでの期間はさらに長くなるということが、容易に理解できるであろう。これが、多くの博士課程の学生が、標準修業年限内で博士号をとるのが難しい原因である。

社会人学生の場合は、仕事をしながら、夜間、土曜日に行われる大学院の講義を受講、研究室のゼミへの参加、教員との研究相談、学術論文執筆など、数えたらきりがないほどや

ることが多い。
　仕事をしながら研究をするということは、肉体的にも精神的にも、非常にハードである。仕事と研究を両立させるための方法については、「3-4.仕事と研究を両立させるためのテクニック」で紹介する。標準修業年限内で博士の学位を取得するためには、途中であきらめず、粘り強く、研究を継続していくことが大事である。

1-5. 博士号取得後の進路

　本節では、博士号取得者が修了後にどのような職種についているのか説明したい。図1-7に示すように、大きく分けると研究者、大学教員、医師などの医療関係者、この3つの職種だけで、約70％を占めている。

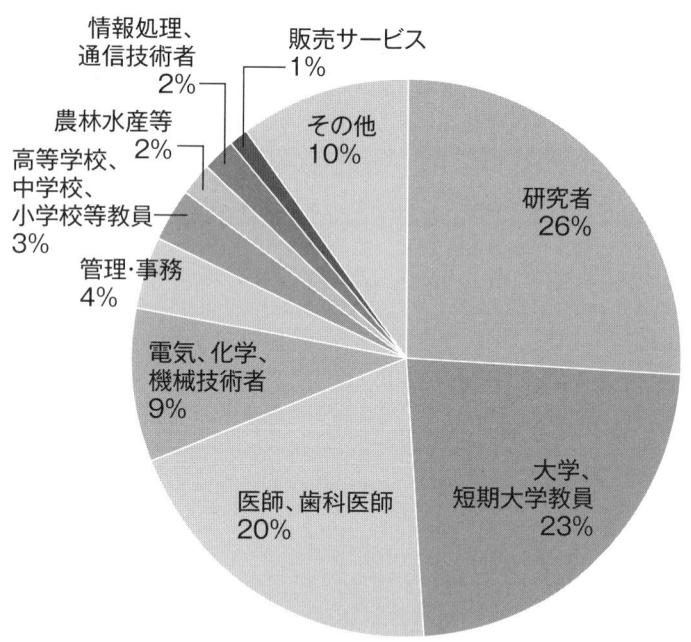

図1-7 博士課程修了後の進路
出所：文部科学省「博士課程の職業別就職者数（平成25年度）」を基に筆者が加工

研究者が26％と、大きな割合を占めるというのも、一つの特徴である。研究者の多くはポスドク、いわゆる博士研究員（博士号をもった研究員）である。彼らの多くは、任期付きの研究員であり、その後、民間企業や国の研究職、技術職、更には、大学教員などを目指すのが一般的である。

また、このデータは、社会人学生および、一般学生（学部から修士、博士と進学した学生）の両方が含まれている。社会人学生が、博士号取得後どのような進路を歩むのか、興味がある方も多いだろう。

実際は、社会人学生は、博士号取得後も自身が所属している会社にそのまま在籍することが多い。しかしその一方、自ら会社を起業したり、自分の専門性を生かして別の会社に転職したり、大学教員になるなど、キャリアを大きく転換させた方もいる。

博士号を取得することで、大学の非常勤講師の依頼や、社内講師の要請、学会や外部団体からの講演の依頼が増えたとの声もよく聞く。私の知り合いの、博士号をもつ社会人学生の多くが、大学もしくは社内で講師をしている。

次の節で、より具体的な例をあげてみよう。

1-6. 博士号を取得することのメリット

　博士号を取得した社会人の多くが、自分自身の仕事ぶりの変化を感じとっているようだ。博士号を取得したことで、大きなプロジェクトを任されたり、自ら起業したり、論理的思考能力を生かして経営者へ事業提案をしたりと、自信をもって仕事に取り組むことができるようになった、との声を聞く。実際の例を以下に紹介しよう。

① 広い視野で仕事ができるようになる

　博士号を取得した社会人は、企業だけの狭い枠にとらわれず、広い視野をもって、仕事に取り組めるようになったと感じるようである。例えば、製品設計者だった人は、製品の設計品質向上だけでなく、顧客視点で、どのようなニーズがあるのか、自分が製品を使う立場だとしたら、どのように製品を改良して使いやすくしたらよいのかなど、複数の視点で物事を考えられるようになったという。

　中には、変革の意識が芽生えたという方もいる。会社の収益構造が現在どのようになっているのか。また、現在の事業を継続した場合に、将来の売上げがどう変化していくのか。自分自身で考え、経営者ならばどのように事業を変革しなければならないのか、広い視野で物事をとらえられるようになる。

　また、コミュニケーション能力が格段に向上したという方

もいる。これは、博士課程で、企業と大学の間に立ち、さまざまな課題をどうやって連携して解決していくか、自ら考えプロモーションし、会社経営者、会社の同僚・部下、大学教授、学生などに働きかけることで、自然とコミュニケーション能力が身につくのであろう。

② 論理的思考能力の向上

　博士号を取得した社会人の多くが、論理的思考能力の向上を実感するようだ。会社の提案書を作成する際にも、まず結論を述べ、その結論に至った背景、理由を端的に記述し、説明するなどの能力が身についた、という社会人は多い。

　特に、時間のない経営者に対して何かを提案する際に、ありがちな長いプレゼンを延々行うのではなく、課題や問題点、改善提案、依頼事項など、最短距離で提案できるプレゼン資料がつくれるようになった、などの声も聞く。

　日々の実務を行う際にも、背景と課題を見つけ出し、課題の深掘り、対策立案、対策実施、効果検証など、矛盾がなく、手戻りの少ない業務計画をたてる力が養われるようだ。

　これは、研究や学術論文の作成時に、仮説と検証のアプローチ、査読者からの学術論文の修正要求に対する反証、実証などを経験することで、論理的思考能力が自然と磨かれたものと考えられる。

③ 転職に有利か？

　博士号取得者の転職に関しては、私の実体験も交えてご紹介したい。私は、日系、欧米系の複数の企業に対して転職活動を行ってきたが、採用する企業側は、博士号取得に対して一定の評価をするものの、むしろ実務経験、実務実績を重要視する傾向にある。ただ、博士号取得者に対する、入社後の優遇措置は、日系企業、欧米企業で大きく異なっていると感じる。

　例えば、博士号取得者が、欧米企業に転職する場合は、大きく給与がアップする、現在の所属企業の役職に比べるとポジションがあがる、昇進スピードが速いといったメリットもあるようだ。

　実際に私が経験した事例だが、ある外国企業は、前職に比べ給与40％アップの提示、さらには、転職先の海外に移住するために必要となる家賃全額補助、家族や私自身のための語学研修費用の全額補助、通勤のための車貸与、医療費の全額補助、仕事には専属の通訳をつける、プライベートで日本に帰国する際の渡航費用の補助など、日系企業では考えられない好待遇で、オファーをもらった。

　別の外国企業では、給与が約20％アップ、語学研修費用の全額補助、入社後1年以内の昇進が保証された。さらに、3年以内に欧州での就業を保証、また博士号を取得していることで、学部卒に比べ、より上位の役職につく可能性が高いと説

明を受けた。

　欧米系の企業においては、学士、修士、博士、それぞれの学位で昇進するスピードはそれぞれ異なり、博士号をもっている人は、転職先でも最終的により上位の役職につく傾向にある。

　一方、日系企業の場合は、現職の給与に比べ、わずかな給与アップは見込めるものの、役職は現状維持という企業が多いようである。

④ ビジネス交渉

　日本国内のビジネス交渉は、博士号があろうがなかろうが、双方が対等な立場で行われている。むしろ、日本の場合は、相手の年齢や役職を気にしながらビジネス交渉をすることが多いだろう。

　一方、海外の企業間で製品を共同開発する、企業間で技術提携する、商品のトレーディング、価格交渉など、特に欧米系の企業と取引した経験がある人は、取引相手が博士号をもっているという例を数多く見てきているはずである。

　欧米で博士号をもつ人たちとのビジネス交渉では、彼らの専門性に驚かされるだけでなく、プロジェクトマネジメントのスキルが非常に高いということを実感したのではないだろうか。

　日本とは異なり、欧米で博士号をとる人たちは、企業や国

の研究プロジェクトを行うため、企業、大学の指導教員、さらには自分の所属する研究室のメンバーをまとあげなくてはならない。日本の博士課程の学生にはそれほど求められない、プロジェクトマネジメントの能力が必要なのだ。人的資源管理、技術マネジメント、予算管理、計画立案と実行など、日本の企業ではまさにマネージャーレベルの人たちが行うようなことを、博士課程の学生が経験、実践しているのである。

こうした背景もあり、博士号は、欧米でビジネスを展開する際に必要な、交渉チケットという捉え方もできる。言い換えれば、博士号をもっていることで、取引相手から専門性＋プロジェクトマネジメント能力があると見なされ、ビジネス交渉を対等に行うことが可能になる。

⑤ 企業内での昇給・昇進

博士号を取得した社会人の、企業内での昇進、昇給は、日本と欧米で大きく異なるようだ。欧米系の企業の場合、博士号取得者の昇給・昇進は、学部や修士修了の人に比べると一般的に早い。実際につく役職も、学部卒と比べると、博士号取得者は、より上位の役職についている傾向にある。私の知っている複数の欧米系の会社でも、役員クラスで博士号をもっている人は非常に多い。

一方、日本国内の企業においては、博士号を取得したからといって、昇進や昇給に対して、大きなアドバンテージはほ

とんどなさそうである。大手企業の人事担当者にヒアリングも行ったが、残念なことに、博士号取得者に対して、企業からの優遇措置（昇給・昇進）はあまり聞かれなかった。

ただ、日本においても欧米のように、博士号の取得者への優遇措置を検討している会社もあるようだ。博士号取得者の専門性だけでなく、ビジネス能力、プロジェクトマネジメント能力、コミュニケーション能力など、総合力を評価する会社も増えてきている。

⑥ 大学教員への道

博士号を取得した社会人の一部は、会社で業務をこなしながら大学教員として教鞭をとることもある。最近では、実務経験の豊富な社会人を教員として迎え入れる大学、大学院が増えている。博士号を取得することは、大学教員としてキャリア転身する大きなチャンスともなる。

もちろん大学や学部によって異なるが、教員を募集するにあたって、博士号取得を要件としている大学も多い。実務経験とその分野における複数の学術論文の実績があることで、大学教員としての道が大きく開かれる。

大学教員になるためには、大学のホームページなどから教員募集の内容を確認して応募するか、所属する学会の関係者から、募集の情報を入手し応募するのが一般的である。しかしながら、教員の公募をださない大学や、大学院もある。こ

の場合は、大学教授や学会関係者のコネ、紹介などで大学教員になるようだ。私の周りでも、博士号取得後に実務経験を学生に伝えるべく、仕事をしながら大学や企業内の講師として多くの方が活躍している。

⑦ 起業

　日本では比較的少ないが、米国では、博士号取得後に独立して起業する人も多い。米国で博士号を取得した私の知人は、1社だけでなく複数の会社を起業している。私は、2009年に米国スタンフォード大学に訪問研究員として滞在した経験がある。スタンフォード大学の博士課程のメンバーの多くが、博士号取得後に企業にいったん入社するものの、近い将来、起業したいという意志をもっていることに驚かされた。もちろん、米国スタンフォード大学は、アメリカ西海岸にある最も有名な大学であり、ここの学生の起業意識は、他の大学に比べ非常に高いということも、背景にある。

　実際のビジネスの取引でも、欧米出身の経営者で、博士号をもつ人たちによく出くわす。私の印象だが、日本の博士号取得者は、ある特定の研究分野に関しては第一人者であるが、プロジェクトマネジメントの経験がない、もしくは、その経験が極端に少ないと感じている。欧米出身の経営者で、博士号をもつ人たちは、プロジェクトマネジメントの能力はもちろんのこと、経営戦略、マーケティング、会計、人的資源管

理、ロジカルシンキング、ネゴシエーションなどに精通している人も多い。

　彼らにとって博士号とは、研究者としての能力の証明だけではなく、研究を事業に結びつける能力をもっていることも意味する。

1-7. 博士課程では好きな勉強ができる

　大学院の博士課程に入学すると、自分の興味のある好きな勉強ができる。学部や、修士課程とは異なり、博士課程は、必須科目が少なく、基本的には研究指導に関する単位を履修すればよい。もし、研究を進めていく上で、自分に足りない知識がある場合、修士課程の講座を受講することで、それを補うことが可能だ。さらに言うならば、博士課程に在籍しながら、他の研究科の講座も受講することができる。もちろん、大学院によって履修可能な範囲、履修の仕組みが異なるので、入学先の大学院に確認していただきたい。

　ただ、注意したいのは、他研究科の講座を履修する場合、指導教員の許可が必要になるケースがあることだ。指導教員は、皆さんが他の講義を履修することで授業と課題に時間が割かれ、研究が前に進まなくなることを心配している。

　そのため、事前に指導教員に相談し、なぜその講座の履修が必要なのか、研究と講座の両立は可能なのかを十分相談した上で指導教員の了解を得ることをお勧めする。

　以下で、私が慶應義塾大学大学院システムデザイン・マネジメント研究科の博士課程在籍中に、どのような目的で、どのような講座を履修したのか簡単に説明する。

　企業で働いている際に、特に課題として感じていたのは、素晴らしい技術、素晴らしい事業のアイディアがあるのに、そ

れを具現化できないことであった。すなわち、技術マネジメントができる人材が企業の中で不足しており、私自身がその役割を担っていきたいと感じていた。

そこで私は、博士課程1年目から、慶應義塾大学大学院経営管理研究科（慶應ビジネススクール）のマーケティングに関する講座、新事業創造などの講座、個人的に興味があった企業再建に関する講座、また投資の判断に必要な、会計、ファイナンス系の講座を積極的に履修した。

これらのビジネス講座を履修した、もう一つのきっかけは、米国スタンフォード大学の訪問研究員時代に、博士課程の学生が研究と事業を結びつけて、非常に多くのベンチャー企業を立ち上げているのを目の前で見てきたことである。彼らは、特定の分野を研究するだけでなく、彼らのもっている技術を形にして（ダーティープロトタイピング）、それを実際に動かすなどのデモを行っていた。

完璧でなくてもよいのでプロトタイプをつくり、それを利用者に使ってもらい、その製品やサービスの問題点を洗い出す。その問題点をフィードバックし、2作目のプロトタイプを短時間でつくる。この製品やサービスのつくり込みのスパイラルが、とてもよくできていると感じた。

話は少々脱線するが、日本企業の場合、設計方針を決め、製品仕様をある程度明確にした後は、設計品質を向上させることに注力し、かつ、なるべく手戻りしないような設計を心が

ける。もし、その製品の仕様などに問題があり、利用者にとって何か不都合があると分かったとしても、もう一度製品を根本的に見直すといったことは、ほとんどできない。ダーティプロトタイプを利用者に使ってもらい、問題があればそれをフィードバックする、そんな基本的なものづくりのプロセスが、日本の企業に不足しているのではないだろうか。

1-8. 博士号取得のための全体プロセス

博士号取得の全体プロセスを図1-8に示す。ここでは、概要を説明する。博士号取得までのステップとしては、社会人が大学院博士課程に入学するまでのプロセス（Step1）、大学院博士課程での研究活動（Step2）、学会論文投稿のプロセス（Step3）、最後の関門である博士審査のプロセス（Step4）からなる。大学院の入学準備で数ヵ月、大学院内での研究活動、学会論文執筆・投稿活動で数年、博士の審査期間で3～6ヵ月の非常に長い道のりとなる。

Step1
大学院博士課程入学までのプロセス

↓

Step2
大学院博士課程での研究活動

↓

Step3
学会論文投稿のプロセス

↓

Step4
博士審査のプロセス

図1-8 博士号取得のための全体プロセス

この期間を通算するとかなり長く感じるかもしれないが、実際に大学院に入り興味のある分野を学び、研究し続けるとあっという間の出来事に感じるだろう。もちろん、研究の途中でつまずいたり、研究成果を学会論文として投稿するものの、査読者（論文の審査員）からリジェクト（学会誌掲載不可）されたり、大きな修正を求められたりと、肉体的にも精神的にもタフな状況を数多く経験することは間違いない。しかし、同じ境遇の社会人の仲間との出会い、他の研究分野や業種の人たちとのコラボレーション、講義終了後の懇親会など、社内とはひと味違う体験ができる。

　一生のうちでなかなか経験できないこの時を、皆さんには、是非楽しむ気持ちで、臨んでいただきたい。第2章以降で4つのプロセスを順に解説する。

第2章 博士課程入学までのプロセス

　図2-1は、大学院の博士課程入学までのプロセスである。研究テーマの選定から始まり、大学院をどのようにして探して選んだらよいのか、皆さんの師となる指導教員をどのようにして見つけ出したらよいのか解説する。さらに、博士課程に入学する上で最も大事な、研究計画をどのようにしてつくりあげていけばよいのか、また、実際の博士課程の入学試験に必要な書類や、一次審査（書類審査）、二次審査（口頭試問）の内容について詳しく説明する。

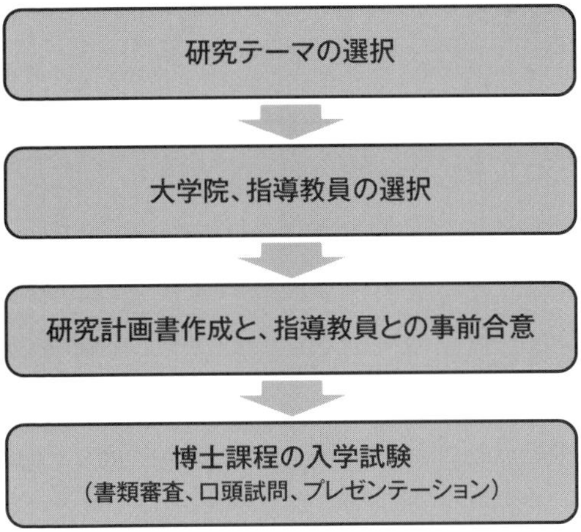

```
研究テーマの選択
      ↓
大学院、指導教員の選択
      ↓
研究計画書作成と、指導教員との事前合意
      ↓
博士課程の入学試験
（書類審査、口頭試問、プレゼンテーション）
```

図2-1　大学院博士課程入学までのプロセス

2-1. 研究テーマの選択

　博士号をとるためには、大学院の博士課程に入学しなければならない。まず、自分がどのような分野で博士をとりたいのか、研究テーマを選ぶことから始まる。特に、実務経験が豊富な社会人は、自分自身の日々の業務で課題として感じていること、例えば、地域活性化、少子高齢化対策、開発の効率化、品質の向上など、業務に関連した分野を研究テーマとして取り入れるとよい。

　大学院に入ってから、研究テーマを変更する社会人学生もいるが、予備知識や経験がなく、ゼロから研究をスタートすると、多大な労力を要する。例えば、研究のための事前調査や予備知識の習得、実証するための作業に大きく時間をとられ、結局は博士号取得までの期間が大幅に伸びる、もしくは、研究途中で挫折し、中途退学する羽目になる。このパターンの博士課程の社会人学生を、目の前で数多く見てきた。

　従って、博士号を最短でとりたいのであれば、自分の得意分野を選ぶことをお勧めする。人によっては、大学院で新しいことを学び、キャリア転身したいという方もいるかと思う。その場合は、もちろん興味のある研究テーマを選んでいただきたい。興味がなければ長続きしないというのも確かである。ただ、先に述べたように予備知識や経験がなく、ゼロから研究をスタートすると多大な労力を必要とするので注意したい。

ポイント！ 研究テーマを選ぶ際の注意点

自分の得意な専門分野を研究テーマとして選ぶ

2-2. 大学院、指導教員の選び方

　まず、大学院の選び方について説明する。社会人経験者であれば、自分の現在の専門が何であるのか、自分の興味がどこにあるのか、自分が将来どんな仕事、職種につきたいのか、これらを総合的に考慮した上で、大学院、研究科を選んでいただきたい。大学受験生であれば、偏差値の高い大学に行きたい、偏差値の高い学科を選びたい、と考えてしまいがちであるが、大学院を選ぶにあたっては、この考えは真っ先に捨てて欲しいと思う。

　なぜなら、会社で働きながら大学に通うというのは、思った以上に体力面、精神面でハードであり、興味や探求心がなければ研究活動が続かないからである。

　次に、指導教員の選び方であるが、自分が学びたい、自分の興味のある研究分野に長けている教員を選ぶ必要がある。教員を選ぶ方法としては、大学のホームページから専門の教員を探す方法が一般的であるが、学会などに入会されている方であれば、学会会員の関係者から紹介していただくというのも手である。あるいは、学生時代の恩師から、教員を紹介していただくという方法もある。

　紹介してもらった教員が、本当に自分の考える研究分野と合致しているかどうかを調べるためには、その教員の所属する研究科、研究室のホームページを確認したり、Google Scholar

などを使って、その教員の学術論文を検索して内容をチェックしたりしてみるのもよいだろう。必ず、最後にはその教員とアポイントを取り、実際にお会いして、教員の専門分野を聞き出し、研究の方針や考え方を伺っておきたい。場合によっては、その研究室のゼミにスポット的に参加させてもらう、もしくは、実験室などを確認させてもらうなどの行為が必要であろう。

ごくまれであるが、教員の研究指導方針や考えと合わず、大学院入学後にその研究室を辞めて、他の研究室に移る、場合によっては、大学院そのものを辞めてしまうなどのケースもあるので、指導教員とじっくり話し合うことが大事である。

皆さんが選んだ指導教員は、研究を進める上での単なる指導者だけでなく、博士号取得後の進路相談、例えば、キャリア転身のための就職先の紹介など、皆さんの人生アドバイザーとしても力になってくれる。指導教員は、慎重にじっくり選んでいただきたい。

> **ポイント！** 大学院、指導教員を選ぶ際の注意点

- 大学（学部）の偏差値で大学院を選ばない
- 自分の将来のキャリアに役立つ学問、研究ができるか
- 指導教員は、単なる研究指導者ではなく、人生アドバイザーともなってくれる方を選ぶ

社会人の大学院の選び方についてもう少し補足する。社会人が学びやすい大学院は大きく分けて2つある。1つめは、平日の夜間および土曜日に講義、研究指導を受けることができる大学院である。私が博士号を取得した、**慶應義塾大学大学院システムデザイン・マネジメント研究科**では、社会人学生の受け入れを積極的に行っており、平日夕方6時過ぎおよび、土曜日の授業カリキュラムが充実している。こうした、社会人をターゲットにした大学院は、年々増加傾向にあり、私立大学だけでなく、国立大学にも普及している。

　以下に、社会人が働きながら博士号の取得が可能な大学院の例を示す。ここにあげた大学院は、いずれも博士課程の社会人を積極的に受け入れている。例えば、筑波大学東京キャンパス社会人大学院は、社会人学生をターゲットに、夜間講義を行っており、また、社会人が通いやすい東京都文京区にキャンパスが設置されている。同様に、埼玉大学大学院経済科学研究科、北陸先端科学技術大学院大学でも、働きながら学ぶ人のために東京都心部でのスクーリングを実現している。

　この他にも、通学時間を軽減するため、東京都内などを拠点としたスクーリングを実施するだけでなく、Webを使って、自宅から遠隔で講義を受けることもできるなどの工夫も行っている。

〈平日夜間、土曜日に講義を受けることのできる大学院〉

◎慶應義塾大学大学院システムデザイン・マネジメント研究科（後期博士課程）
　http://www.sdm.keio.ac.jp/

◎東京工業大学大学院イノベーションマネジメント研究科（後期博士課程）
　http://www.mot.titech.ac.jp/

◎筑波大学東京キャンパス社会人大学院（博士後期課程）
　http://www.office.otsuka.tsukuba.ac.jp/wp/

◎埼玉大学大学院経済科学研究科（博士後期課程）
　http://www.eco.saitama-u.ac.jp/grad/content/doc_index.html

◎北陸先端科学技術大学院大学（社会人博士後期課程プログラム）
　http://www.jaist.ac.jp/tokusetsu/kouki.html

社会人が学びやすい大学院の2つめは、通信制大学院である。地理的、時間的な制約で、通うことのできない社会人にとっては、非常にありがたい大学院である。通信制大学院は、従来、修士課程をターゲットにしていたが、2003年度以降からは、博士課程の設置も認められている。博士課程の入学枠は少ないが、博士号の取得を目指したい方は、是非チャレンジしていただきたい。

　以下のサイトから、通信制大学院の情報を入手することができる。入学定員、出願期間、選抜方法、出願書類などを確認することができるので、意欲のある方は是非チェックして欲しい。

　通信制大学院の場合は、放送やインターネットなどを使ったWebによる講義、スクーリング、大学の指定テキストを確認しながら自己学習するなどの点で、教員の講義を生で受ける場合と違い、なかなか理解が進まない面もある。また、仕事の状況に応じ、自分のペースで研究し、講義を履修することができる反面、よほど博士号の取得に対する意志が固くないと、途中で挫折してしまうこともある。

〈通信制大学院〉
◎公益財団法人 私立大学通信教育協会
　http://www.uce.or.jp/graduate_school/

2-3. 博士号の短期取得プログラム

　現在、さまざまな大学院において、博士号の短期取得プログラムが用意されている。このプログラムを利用することで、博士課程の在籍期間は、通常の3年から最短1〜2年に短縮される可能性がある。大学院によっては、修士課程と博士課程の在学期間を通算して、通常5年のところを、最短で3年で修了できるというプログラムも用意されている。

　私の知っている複数の社会人も、実際にこの制度を使い、1年半〜2年半で博士号を取得している。このプログラムは、社会人にとって非常にありがたい制度であるが、最短1年で博士号を取得するためには、顕著な学術論文の実績が複数あることや、インパクトファクターの高い海外の学術論文誌に採択されていることなど、厳しい条件が課されていることが多い。

　研究実績のない、これから研究を始めるという社会人学生にとっては、非常にハードルの高いプログラムといえよう。従って、もしこのプログラムを活用するのであれば、博士課程の入学前から、研究活動および学術論文の執筆を開始しておき、ある程度の研究実績をつくっておかなければならない。

　以下に、博士号の短期取得プログラムを用意している大学院の例を紹介する。

〈博士号の短期取得プログラムを用意している大学院〉

◎筑波大学(「早期修了プログラム」について)
https://www.tsukuba.ac.jp/admission/graduate/s-program.html

◎電気通信大学大学院情報システム学研究科(博士号支援制度)
http://www.is.uec.ac.jp/about/support.html

◎静岡大学創造科学技術大学院(修業年限の特例(早期修了)に関する取扱い)
http://gsst.shizuoka.ac.jp/nyushi/shuryo.html

◎北陸先端科学技術大学院大学マテリアルサイエンス研究科(社会人博士後期課程プログラム)
http://www.jaist.ac.jp/ms/student/doctor_syakaijin.html

◎奈良先端科学技術大学院大学(修業年限の弾力化)
http://www.naist.jp/admission/d03_03_j.html

◎早稲田大学経済学研究科(早期修了制度)
http://www.waseda-pse.jp/gse/jp/about/curriculum/post-13.html

◎信州大学大学院総合工学系研究科(早期修了制度)
http://www.shinshu-u.ac.jp/graduate/interdisciplinary/admissions/early.html

2-4. 研究計画書作成と、指導教員との事前合意

　大学院の博士課程に入学するにあたって最も大事なことは、研究計画書の作成である。研究テーマ、研究の背景、研究目的、研究の具体的な方法、進め方、期待される効果と、研究成果の実用性は、きっちり記載しておくべきだろう。

　特に社会人経験の浅い方は、研究の背景、現状の課題などをしっかり調査して明記しておくことが大事である。なぜ、この研究を行うのか？　現在の社会的な問題や、技術的な問題を、ある程度ここで深掘りして、事前に調査しておくことが必要であろう。場合によっては、問題の構造分析手法などを用いるとよい。それに加え、その課題を解決するために、漠然としていた研究テーマを具体化し、研究目標に繋げていくことが大事である。

　また、研究の具体的な進め方、期待される効果（社会的にどのような効用をもたらすのか？　製品の開発であれば、どの程度、開発効率が向上するのか？　製品品質が向上するのか？）などを明記しておくとよい。研究計画書については、入学を希望する大学院の指導教員と相談して、じっくりつくりあげていただきたい。

　さらに、各大学で博士号をとるための要件を前もって確認しておくとよいだろう。複数の大学院にヒアリングを行ったところ、博士の学位を申請するためには、査読付き学術論文

のアクセプト（学会誌の掲載許可）が複数本要求されるようである。査読とは、2〜3名が審査員となり、投稿された論文が学術論文としてふさわしいか、独自性、論理性、普遍性、信頼性、有用性などを検証する行為のことである。博士号取得に必要な、査読付き学術論文数については、第5章で詳しく述べることにする。

　学会論文の投稿プロセスや、査読者が重要視する内容については、第4章で詳しく述べる。

　博士課程の定員数は、大学院によって異なるが、修士課程の定員数に比べると非常に少ない。ただ、大学院の入学前に教員とコンタクトをとり、研究計画をしっかりと話し合っておけば、大学院の入学試験で落ちることは、あまり多くないと思われる。博士課程の場合、大学院に入学できるかどうかは、指導教員が受け入れてくれるかどうかの判断にかかっている。

　従って、教員から研究計画の指導を受けたとしても、その研究分野に対する基礎学力、経験、知識などが極端に不足していると教員が判断した場合は、入学試験で落とされる、もしくは、研究計画の段階で教員から受け入れを断わられる可能性もあるので注意したい。博士課程の場合、この研究計画の段階で入学の合否が決まるといっても過言ではない。

　入学するにあたって自分が何の研究を行いたいのか、その研究の実現はその大学院で可能なのか、また、指導を仰ぎた

い教員はその研究分野の指導者として適切なのか、密なコミュニケーションをとって確認していただきたい。研究の事前相談なしに、博士課程を受験したとしても、合格することはまずないだろう。

　事前に研究計画書を作成し、研究テーマ、研究の新規性、研究の進め方、必要な実験機材、研究の協力体制など、内容を入学前に詰めておくことができれば、大学院入学直後からスムーズに研究を進めることができる。

ポイント！ 博士課程入学試験前に実施すること

・自分の研究分野に合った教員とコンタクトをとること
・研究計画の内容については事前に指導教員の了解を得ること

2-5. 博士課程の入学試験

　大学院の博士課程（正確には、後期博士課程）の入学試験について説明する［表2-1］。一般的には、博士課程の入学者定員は若干名と記載されている大学院が多く、修士課程に比べ定員数としては非常に少ない。しかしながら、定員数の記載はあくまで目安であり、定員を超える入学を認めることもある。

　大学院の博士課程への入学で最も大事なことは、指導教員に受け入れてもらえるかどうかである。博士課程の定員数についてはあまり気にしないでいただきたい。

表2-1　博士課程の入学試験内容

一次審査	■提出書類の審査 ◎志願者票 ◎研究計画書 ◎修士修了証明書 ◎業績書（学会論文、書籍、特許、製品の開発実績など） ◎修士論文の写し ◎所属企業からの推薦書（任意）　他
二次審査	■研究計画の審査 ◎口頭試問 ◎研究計画プレゼンテーション

博士課程の入学試験内容は、大学院によって異なるため、希望する大学院のホームページなどから募集要項をダウンロードし、熟読すること。分からない点については、指導を仰ぎたい教員もしくは大学の事務局に事前に質問しておくとよいだろう。

　社会人を積極的に受け入れるため、年に2〜3回募集を行っている大学院もある。また入学試験は、都心部など、社会人がアクセスしやすい場所で行われる。

　博士課程入学に必要な書類としては、志願者票、研究計画書、修士修了証明書、業績書（学会投稿論文、特許、製品・ソフトウェアなどの開発実績、書籍など）、修士論文の写し、所属企業からの推薦書（任意）、などが一般的である。皆さんの所属企業からの推薦書があればベターであるが、所属企業から許可を得られない場合は、特に提出しなくてもよい。

　社会人の多くの方が、これから研究を始めるということもあり、業績の乏しい方もいるかと思う。かくいう私も、研究業績書に記載する内容がほとんどなく、ほぼ空欄の状態で大学院に提出した。

　博士課程の場合、提出書類の中でも最も大事なものは、前節で示した通り、これから行う研究について記した研究計画書である。研究計画書の書き方については、複数の書籍が出回っているので、是非参考にしていただきたい。

　入学書類を一式提出し、あとは書類審査に通るのを祈るばか

りだが、幸運にも書類審査に合格すると、次に待っているのは研究計画に対する口頭試問、もしくは、研究計画のプレゼンテーションである。口頭試問だけを課す大学院、PowerPointによるプレゼンテーションを課す大学院など、それぞれ試験内容が異なるので、希望する大学院のホームページをチェックするか、指導を仰ぎたい教員に事前に内容を確認しておこう。

口頭試問を課す大学院の場合は、試験時間はおおよそ30分程度、プレゼンテーションを課す大学院の場合は、質疑応答の時間をいれるともっと長いこともある。試験体制は、試験官（大学教員）が複数名、受験者1名のパターンが多いようである。

口頭試問の内容だが、研究計画に関する質疑が中心であろう。皆さんの会社における実務の内容を聞かれ、研究テーマとの繋がりを聞かれる可能性もある。「なぜ、この研究を行うのか？」「その研究の必要性は？」「本研究は、現在抱えている問題のどんな点が解決できるのか？」「問題として潜んでいる根本的な原因は？」「その研究の新規性は？（他でもやっているのでは？）」など、自問自答しながら、想定される質問に対しての答えを事前に用意しておくと、実際の試験で緊張感を和らげることができるだろう。

また、少なくとも、自分の選んだ研究テーマに沿った先行研究などを調べておき、自分自身の研究の新規性および有用

性を示せるように準備しておいた方がよいだろう。

　私の場合も、研究計画を作成する段階で、何度か大学院に足をはこび、研究内容を指導教員にプレゼンし、問題事項を指摘してもらうなどの作業を繰り返した。博士課程の場合は、学部入学の試験と異なり、指導教員の受け入れの了解が得られれば、入学はそれほど難しくない。ただ、指導を仰ぎたい教員と、密なコンタクトをとっておくことが必須である。

　参考までに、社会人が口頭試問でよく質問される内容を以下にまとめておく。研究計画書の内容から質問されることが多いので、面接前に自分の研究内容を頭の中にたたき込んでいただきたい。

ポイント！　博士課程入学時の口頭試問で聞かれること

- なぜその研究が必要なのか？
- どのような課題を解決したいのか？
- 研究目的は？
- 研究の新規性は？　既存研究との違いは？
- 現業務と本研究の関連性は？
- 問題として潜んでいる根本的な原因は？
- 研究の進め方は？
- 研究の有用性は？　どのような効果が想定されるか？
- 修士時代の研究内容は？　他

第3章 博士課程入学後の研究活動

　大学院の博士課程に見事に合格された社会人の方々に「おめでとうございます！」「やりましたね！」といいたいところだが、本番はここから。博士課程入学後の日々の研究活動を地道に続けなければ、博士号は取得できない。博士課程の社会人がどのように研究活動を行っていけばよいのか、本章で詳しく述べていきたい。

3-1. 研究室配属、講義履修、研究報告

　博士課程入学後の大学院での研究活動について述べる。博士課程の学生は、教員からの受け入れの了解を事前に得ているので、希望する研究室（教員）への配属が問題なく決まる。博士課程の場合は、修士課程と異なり、数十単位の講義履修は不要であるが、もし、自分の研究分野の知識を深めたい場合には、関連する科目の履修をお勧めする。社会人の受け入れ体制の整った大学院であれば、平日夕方からの講義、土曜日に開催される講義を履修することで、研究に必要な予備知識を習得することが可能になる。

　また、冒頭で述べたように、本番はここからである。博士

課程入学後の日々の研究活動を地道に続けなければ、博士号は取得できない。特に働きながら、平日夜間、土曜日に大学院に通うことの大変さは、最初の数カ月で痛感するだろう。

学内では週1回程度、研究室のゼミへの参加が必要となる。場合によっては、輪講など、学生同士で研究の予備知識を向上させるための勉強会なども開催される。

また、もちまわりで研究の状況報告（研究プレゼンテーション）を課せられる場合もあるだろう。これは、研究室単位での運営なので、指導教員の研究・教育方針でやり方がずいぶんと異なる。

研究室によっては、毎週のようにレポート形式で研究進捗状況を提出（会社の週報のようなイメージ）、春学期・秋学期などの期末のタイミングで、研究成果報告を発表させるなど、社会人学生に自主的に研究を進めてもらうための運営体制をとっているところもある。

社会人にとっては博士課程の入学直後から、講義の履修、研究室単位で行われるゼミへの参加、研究報告会などに追われ、かなり大変な思いをするだろう。学会論文の提出スケジュールに合わせ、土日すべてを研究活動に費やすこともあり、家族と一緒にいる時間がほとんどとれないこともある。社会人として働きながら、研究し、講義を受講するため、自分だけでなく、生活を共にする家族へ負担をかけることにもなる。そのため、家族の理解を十分得た上で、研究、勉学に励んで

いただきたい。

　仕事と研究を両立させるための方法については、「3-4. 仕事と研究を両立させるためのテクニック」で詳しく述べる。

　厳しいことを言い過ぎたようだが、大学院ならではの楽しいイベントもある。研究室単位で開催されるゼミ合宿などである。ゼミ合宿では、研究の途中経過報告会など、当然大変な部分もあるが、ゼミ生一同でピクニックに行ったり、夜には指導教員らと一緒にお酒を飲んだりと、親睦を深めるにはとてもよい場となる。

3-2. 博士中間審査会

　日本国内の大学院においては、博士課程の学生に対して、中間審査会を設けているところもある。この審査会の目的は、①博士課程の学生の研究の進捗状況を確認すること、②研究の進捗状況を確認して博士の最終審査に進めるかどうか確認すること、この2つがあるようだ。博士の中間審査の内容は、研究プレゼンテーションと、教員側からの質疑に答えるというものが一般的である。

　普段、指導教員と綿密に研究相談を行い、学会などに論文を投稿し発表している人であれば、それほど問題にはならないだろう。しかしながら、普段仕事で研究がほとんど進んでいない社会人にとっては、研究成果をアピールすることができず、博士中間審査会において厳しい言葉を教員からいただくことになるだろう。

　私の所属している慶應義塾大学大学院システムデザイン・マネジメント研究科の例をお話しする。博士課程の学生に対しては、毎年1回、研究の中間報告を課している。研究の途中経過を、全教員、学生の前でプレゼンし、研究の進め方などに対してアドバイスをいただく形である。発表時間は12分、質疑応答と合わせて、おおよそ20分程度である。

　本研究科では、中間報告のプレゼン資料とともに、研究の経過を学会論文形式にして大学院に提出しなければならない。

学会論文を書いたことのない人にとっては、かなり大変な作業となるが、よい経験になるだろう。

3-3. 学会への論文投稿

　学会論文の種類には、学術論文（原著論文）、国際会議、口頭発表など、査読の有無含めいくつか種類があるので、詳しくは、「4-1. 学会論文の種類」を参照していただきたい。

　研究の成果がでるようになったら、どんどん研究結果を論文としてまとめ、学会に投稿しよう。研究として完璧に仕上げてから投稿したいところだが、とにかく今ある研究材料の中で投稿を検討していただきたい。博士号を3年以内で取得したい社会人学生であれば、少なくとも入学の初年度には、1～2本を学会に投稿しておく必要がある。もし、初めて投稿する場合は、査読のない口頭発表論文から挑戦することをお勧めする。

　もちろん、投稿する前には、研究室のゼミなどで発表し、指導教員、学生からいろいろとコメントをもらうなどしておきたい。次に、学会で発表して、その分野の関係者からコメント、アドバイスをいただくのがよいだろう。その内容を、必ず自分自身の研究にフィードバックし、修正して、査読付きの学術論文として投稿し直すというスタイルをとることで、論文の質が大きく向上する。

　学会の選び方、査読者（審査員）の論文審査の視点については、第4章で詳しく説明するが、社会人の皆さんが、博士号をとる上で最も重要なのは、査読付きの学術論文に投稿し、

アクセプト(学会誌への掲載許可)を得ることである。学会によって、種類や呼び方は若干異なるが、私の所属する日本設備管理学会では、査読者2名により審査され、この論文を「研究論文(Research paper)」と呼んでいる。

博士号を取得するためには、こうした論文を学会に投稿し、審査を通過させなければならない。査読のない口頭発表のための投稿も、もちろん積極的に行っていただきたいが、博士号をとるためには、査読ありの学術論文に是非チャレンジして欲しい。日本国内の大学院で博士号をとるならば、複数の学術論文のアクセプトが必要であろう。博士号取得に必要な査読付き学術論文数については、第5章で詳しく述べる。

学会によって論文の投稿の仕方、論文の書式などが異なるため、皆さんが入会を検討している学会の投稿規定を必ずチェックして欲しい。

ポイント! 博士号をとるためには

査読付き学術論文を投稿してアクセプトされること

3-4. 仕事と研究を両立させるためのテクニック

　大学院の博士課程に入学し、仕事をしながら、大学の講義を受講、大学のゼミへの参加と研究発表の準備、教員との定期的な研究相談、過去の先行研究の調査、仮説立案と検証実施、検証データの分析、学会論文の作成と提出など、仕事と研究の両立は、精神的にも肉体的にも、かなりタフである。博士号をとった社会人学生の中には、家庭をもっており、子育て中の方もいる。どのようにして仕事、研究、家庭のバランスをとったのか。博士号をとった社会人学生の時間の使い方、仕事と研究を両立させるためのテクニックをここに紹介する。

① 論文の調査テクニック

　まず、皆さんが必ず行う、先行研究の論文調査（「4-6. 先行研究（学術論文）の検索」を参照）については、通勤電車の中、会社の昼休みなどを有効に使うとよい。必要な学術論文をあらかじめダウンロードし、スマートフォンやタブレットPCに格納、もしくは、学術論文をプリントアウトし、通勤電車の中、会社の昼休みなどを使って、先行研究の調査を進めていただきたい。

　先行研究の論文調査においては、論文全体をパーフェクトに理解しなくてもよい。論文は、①アブストラクト、②はじめに（緒言）、③結論、この3つをチェックする。なぜ、この

3つの部分を確認するのか、その理由を知りたい方は「4-8. 論文の審査員（査読者）が重要視する項目」を参照して欲しい。学術論文の査読者は、審査の時間を短縮し、効率的に論文の内容を把握するために、この3点チェックをまず行う。この3つを確認するだけで、論文の中身を大まかに把握することができるからである。まずは皆さんも、この3点チェックで、多くの先行研究（論文）を読んでいただき、自分の研究との違いを大まかに把握して欲しい。

　もし、より深く論文を把握したいのであれば、この3点チェック後に、ボディ（本文）を確認することで、内容の理解が深まるだろう。この方法を、時間のとれない社会人の方々は是非実践していただきたい。

> **ポイント！** 論文の内容を短時間で把握する方法

① アブストラクト
② はじめに（緒言）
③ 結論
①〜③を大まかに確認し、必要に応じて、ボディ（本文）を確認する

② 研究と会社の実務との連動

次に、研究の最も効率のよい進め方であるが、研究を会社の実務と連動させるやり方である。

例えば、メーカーで開発職に就いている方であれば、研究のテーマとして、仮に、製品開発の効率化を取り上げるのもよいだろう。会社としては、製品の品質をおとさず、短い開発期間で製品を世に送り出したいというモチベーションはあるはずだ。そのためには、現在の開発プロセスの問題点を分析し、真の原因をつかむことで、どのような新しいやり方を導入すれば（仮説）、開発の効率化が進むのか、実際の開発業務で実践してみる（検証）、それを上司に、業務として取り入れたいと提案するのだ。

大学院で学ぶ理論（実際は指導教員と一緒になって考えた仮説）を現場で実践（検証）したいと説明し、所属部門の了解を得られれば、研究＝実務として、会社にいながら堂々と研究活動に従事することができるわけだ。

実際に、私の所属する慶應義塾大学大学院システムデザイン・マネジメント研究科の複数の社会人学生が、上述のやり方を実践し、博士号を取得している。以下は博士号をとった社会人の実際の研究テーマである。

◎企業通貨（ポイント・電子マネー）を用いたビジネスに関する研究
◎食料品専門スーパーにおける食品廃棄物の低減化に関する研究
◎博物館という社会システムの発展に果たす市民の役割に関する研究
◎民生機器の分散協調設計手法に関する研究

　彼らは、大学院の研究テーマを実務と組み合わせ、実に効率的に研究を行っている。会社の就業時間を研究業務としてあてることができれば、非常に効率的に研究が進む。

③ 指導教員は研究のペースメーカー

　指導教員との研究相談はこまめに行うべきである。学位取得まで時間のかかっている社会人学生、もしくは、学術論文の執筆回数の少ない学生は、指導教員との研究相談の時間が明らかに少ない。研究の進展が遅いのは、いうまでもなく自分自身の責任である。研究が進展していない場合、指導教員と顔を合わせづらい気持ちも理解できるが、それでも指導教員と定期的に研究相談することが大事である。

　できれば、月に2〜3回。仕事で忙しい社会人学生であっても、最低でも月に1回は、指導教員と個人面談を行った方がよい。研究相談のための時間を指導教員からいただくことで、無理矢理でも、研究を進めなければならない状況をつくりだ

すことが大事である。

　指導教員は、研究の指導者であるのと同時に、学術論文の査読者としての視点で、研究のアドバイスをしてくれる。査読者である指導教員を納得させることができれば、学会論文が通過しやすいという極めて単純なロジックである。当たり前のことだが、指導教員と研究についてのディスカッションをすることで、自分一人では気づかなかった、課題や課題解決の糸口を発見することができる。

　今まで、指導教員から研究に関して厳しい意見を言われて落ち込み、そのまま研究の相談に行かなくなる社会人学生を数多く見てきた。活をいれられても、負けない気持ちが大事である。かくいう私も、2010年4月から1年間、ほとんど全く学術論文に手をつけられなかった時期があった。会社業務の忙しさを理由に、研究に着手しなかったのだ。博士号取得がこれで1年延びてしまった。研究は進まなくとも、指導教員とこまめな研究相談をすべきだったと、今でも後悔している。

　私の場合、仕事が落ち着いたタイミングで、研究だけでなく会社業務の悩みも指導教員に素直に打ち明けた。研究をどう進めるか、現実を見据えた率直な意見と適切なアドバイスをもらっただけでなく、個人的な悩みも聞いてもらい、ずいぶん気持ちが楽になったことを今でも覚えている。こうした、指導教員との普段のコミュニケーションが、研究を進める上

で非常に大事だと感じる。

④ 平日の早朝と土日の時間の使い方

　博士号をとった社会人の生活スタイルは、皆共通で、朝型である。私の所属する大学院で博士号をとったある社会人は、早朝4時起き、朝6時30分まで研究、論文執筆作業、その後、出勤するというスタイルをとっている。仕事を終えてからでも、研究活動はもちろんできるが、会社の業務を終える頃には、頭も肉体も疲れ果てている状態で、論文の執筆作業なども、あまり効率があがらない。

　社会人学生の大半は30～50代で、その働き盛りの年代は、企業内でも重要な役割を担わされるため、残業も日常的に発生している。残業後、大学院で夜の講義を受講、研究室のゼミに参加し、自宅に帰るころには疲れ切っており、自分自身の研究や論文を執筆する余裕は、ほとんどないだろう。

　私も、東京都内にあるオフィスで仕事を終え、大学院の夜の講義を受けた後に自宅に戻り、学会論文を書こうと何度も試みたが、頭がまわらずほとんど手につかない状態だった。社会人で博士号をとった方の多くは、朝早く起きて論文に取りかかるなど、頭がさえている時間帯に、研究や論文の執筆活動を行っている。

　次に、土日の時間の使い方である。この土曜日、日曜日の時間の過ごし方で、研究の進捗がずいぶんと変わる。平日朝

寝坊し、研究するための時間がとれなくとも、土曜日、日曜日であれば、ある程度まとまった時間はとれるはずだ。特に、学会論文を執筆する際には、集中して短期間に一気に書きあげるよう心がけて欲しい。

また、社会人は仕事をしながら研究をするため、家族との時間がなかなかとれない状況もあるだろう。特に子育て中の社会人の方は、年末年始、ゴールデンウィーク、お盆、会社の勤続休暇などの長期休暇を使って、何らかの家族サービスをしていただきたい。博士号をとるためには、身近な家族の理解が最も大事である。

余談だが、子どもは親が勉強しているところもよく見ている。「パパ（ママ）も勉強するから、一緒に勉強しようね」と子どもに声をかけて一緒に勉強（実際は研究活動や論文執筆活動）する、上手な社会人学生もいた。

ポイント！ 仕事と研究を両立させるためのテクニック

- 研究と会社実務とを連動させる
- 隙間時間を使った先行研究の調査
- 指導教員とのこまめな研究相談
- 平日の早朝と土日に集中した研究・論文執筆活動

第4章 学会論文投稿のプロセス

　本章では、学会論文の投稿プロセスについて説明する。学会論文を執筆したことのない社会人のために、学会論文の種類、学会論文の投稿プロセス、学会論文の作成方法、論文の審査員（査読者）がどのような視点で論文をチェックするのか、本章で詳しく述べたい。

4-1. 学会論文の種類

　学会論文の種類を大きく分けると、①原著論文（学術論文）、②国際会議、③口頭発表などがある。学会によって投稿できる論文の種類が異なるため、入会を希望する学会のホームページで、論文の投稿規定を確認していただきたい。

　皆さんが博士号を取得したいのであれば、原著論文（学術論文）のアクセプト（学会誌の掲載許可）が必須である。以下に、それぞれの論文の種類について概要を説明する。

① 原著論文（学術論文）

　学会誌に掲載される学術的な論文のこと。独創性、信頼性、有用性、普遍性が求められる。査読者（論文の審査員）は、一

般的に2名以上からなる。投稿して一発で論文審査に通ることはほとんどまれで、査読者から論文修正を何度か求められることが一般的である。アクセプトされるまで数カ月、場合によっては数年かかることもある。論文の枚数は、工学系の学会誌の場合、6～8枚程度。

② 国際会議論文

国際会議用の論文である。学術論文ほど高い独創性、信頼性、有用性、普遍性は求められない。査読者の数は、一般的に1～2名程度。論文の枚数は、国際会議によって大きく異なる。査読期間は、学術論文に比べると短く、早いところであれば3カ月以内。投稿してアクセプトされた場合、国際会議の場で発表することになる。各国の研究者からいろいろな指摘、アドバイスをもらうことができ、また海外での人脈を広げるのに有効である。

③ 口頭発表

研究事例を幅広く紹介するため、学会の主催する研究発表大会向けに作成する論文のこと。さまざまな研究者の発表を呼び込むため、一般的に査読はない。発表大会で研究をプレゼンすることで、参加者から有益な指摘、アドバイスをもらうことができる。人脈を広げるのにも有効である。

4-2. 学会論文投稿のプロセス

図4-1は、学会論文投稿の全体のプロセスを示したものである。学会に所属していない社会人学生は、自分の専門性、研究分野と照らし合わせて、どの学会に入会するか決めていただきたい。学会によっては、入会しなくても論文投稿できるところもある。

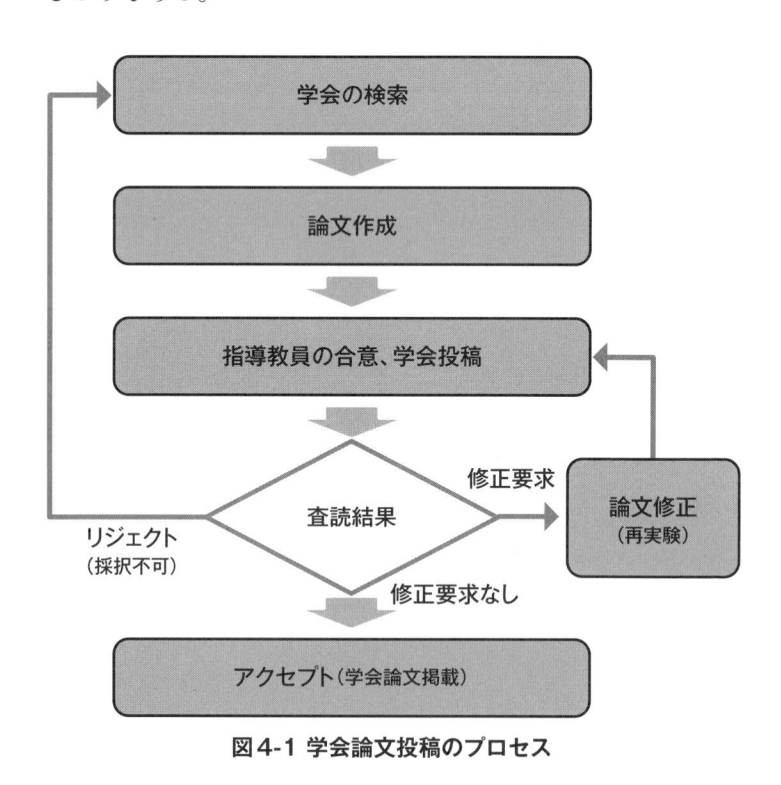

```
          ┌─────────────────┐
          │   学会の検索      │◄──────────┐
          └────────┬────────┘           │
                   ▼                    │
          ┌─────────────────┐           │
          │    論文作成       │           │
          └────────┬────────┘           │
                   ▼                    │
          ┌─────────────────┐           │
          │ 指導教員の合意、学会投稿 │◄──┐     │
          └────────┬────────┘    │     │
                   ▼        修正要求│     │
                 ╱査読╲──────►┌──────┐ │
        リジェクト ╲結果╱      │論文修正│ │
        (採択不可)  ╲╱       │(再実験)│ │
                   │修正要求なし└──────┘
                   ▼
          ┌─────────────────┐
          │ アクセプト(学会論文掲載) │
          └─────────────────┘
```

図 4-1 学会論文投稿のプロセス

本プロセスで最も大事なのは、査読付き学術論文の作成と学会への投稿である。皆さんが作成した査読付き学術論文を指導教員に何度もチェックしてもらい、投稿の許可をもらおう。学術論文の構成および書き方については、「4-4.学会論文の構成と書き方」を参照して欲しい。

　学会に投稿した査読付き学術論文は、査読者複数人に審査され、その審査の結果で掲載可否が決定される。査読者は、その学会に所属している、大学教員や研究機関のメンバーが多いと推測される。

　投稿した論文が、一発でアクセプトされることはまれである。査読付き学術論文については、査読者から何回も修正を求められるケースもあり、あきらめず根気よく、査読者に対し誠意をもった対応をする。具体的には、査読者からの質問に対する回答書を作成し、査読者の要求に従い、論文を改訂することが求められる。

　査読付き学術論文を投稿した場合、この修正→投稿→修正→投稿の繰り返しがあるため、アクセプトされるまで、短い場合は半年程度、長い場合は、2年以上かかるケースもある。時には、論文修正時に再実験を伴うケースもある。この学会論文投稿のプロセスが必要となることが、多くの博士課程の学生にとって、標準修業年限内で博士号をとるのが難しい原因となっている。

　従って、学会に学術論文を投稿する際には、どの程度の審

査期間を要するのか、入会を検討している学会の学会誌を直接手にとって確認し、投稿日、掲載日を確認しておくとよい。

　時には、査読者からリジェクト（学術論文としては不適格として却下）されるケースもあり、その場合は、大幅に論文を改訂して再投稿するか、別の学会誌へ投稿する。リジェクトをされた場合、査読者からその理由が記載されているはずなので、内容をしっかり確認し、修正をかけて投稿するのがよいだろう。

　博士号をとりたい社会人は、この学会投稿のプロセスを必ず経験することになる。是非、チャレンジしていただきたい。

4-3. 学会入会と懇親会の参加

　学会に所属していない社会人学生は、どの学会に論文投稿するか、学会を探すことから始めよう。学会を選ぶ重要な点は、まず自分の研究分野が、その学会の研究分野に適しているかどうかである。学会誌を入手し、投稿されている論文などを確認しながら、指導教員と相談して決めよう。

　指導教員の所属している学会に入会するのが最もシンプルな方法であるが、社会人の場合、自分のキャリアプランを考え、博士号取得後もずっと末永くおつきあいできる学会を選ぶとよいだろう。

　学会に入会するためには、学会のホームページから申込書をダウンロードし、学会事務局に送付し、学会費を納めることで、晴れて会員となれる。学会費については、学会により異なるが、学生会員で年間数千円程度、一般会員でも1万円前後のところが多い。

　学会会員になると、学会の編集者から査読の依頼が来る可能性もあるが、その時は、快く引き受けよう。論文を作成して提出する立場と、論文を審査する立場の両方を経験することで、論文の書き方に関するテクニックを格段に向上させることができる。

　査読無しの発表は、学位取得に必要な論文数としてカウントされないものの、学会発表をたくさんすることで、学会関

係者との人脈を広げて欲しい。発表した研究内容がよければ、学会発表後、学術論文投稿の推薦、企業や研究機関からの共同研究のオファー、講演依頼など、さまざまなチャンスが訪れる。

また、学会発表後の懇親会には、時間の許す限り、参加するとよいだろう。懇親会に参加することによって、発表した研究内容について個人的に意見やアドバイスをもらうこともできるし、博士号の最終審査時の副査になってくれる方を見つけ出す機会にもなる。

自分自身が発表しない時でも、定期的に開催される学会発表の大会には参加していただきたい。他の人の研究発表を聞き、研究内容で疑問に思った点は是非質問してみよう。企業出身の社会人学生の多くは、実務、現場に精通している。従って、学会発表する人たちの研究理論と現場とのギャップを、肌で感じることができる。学会に所属している大学の先生方も、皆さんのような現場を知っている社会人学生の意見、疑問については、耳を傾けてくれるはずだ。

> **ポイント！** 学会に入会したら実践すべきこと

- 学会の発表大会に必ず参加する
- 自分自身も発表者として論文投稿し、学会発表する
- 発表大会後の懇親会に参加し、人脈を広げる
- 査読の依頼があったら快く引き受ける

4-4. 学会論文の構成と書き方

学会論文を初めて投稿する社会人学生も多いことだろう。ここでは、学会論文の構成について簡単に説明する [図4-2]。

① アブストラクト

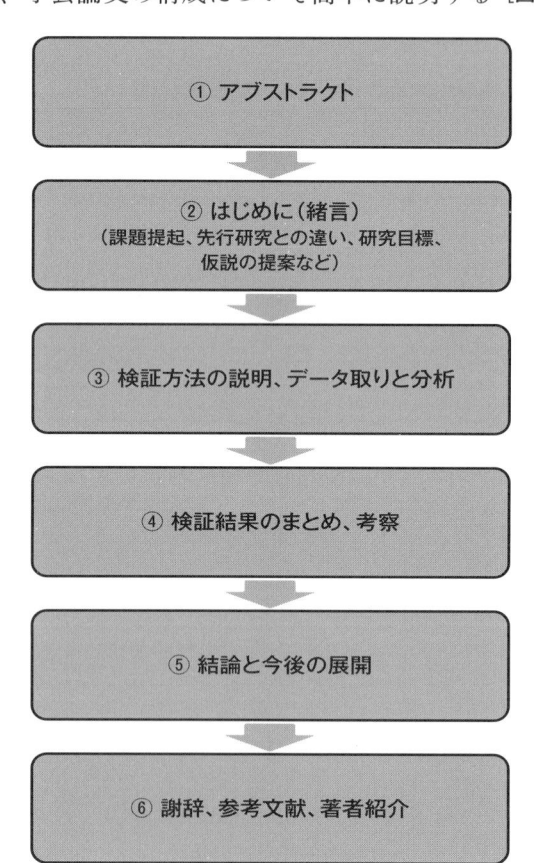

② はじめに(緒言)
(課題提起、先行研究との違い、研究目標、仮説の提案など)

③ 検証方法の説明、データ取りと分析

④ 検証結果のまとめ、考察

⑤ 結論と今後の展開

⑥ 謝辞、参考文献、著者紹介

図4-2　学会論文の構成

まず、研究全体の概要を説明した①「アブストラクト」を記入する。アブストラクトは、研究の全体を分かりやすく、短く説明したものであり、この中に、課題提起、研究の目標、研究アプローチ、研究結果のサマリーを記述する。

　次に、②「はじめに（緒言）」であるが、ここは最も力を入れて書いていただきたい部分である。この部分では、課題を具体的に示し、その課題を解決するために、過去の研究者たちがどのような研究を行ってきたのか、そのサマリーを明記する。どんなに優れた研究であっても、完璧というものはなく、なんらかの課題が残るはずである。その課題を見つけ出し、その研究の問題点、解決できない点などを簡単に説明しておく。

　書き方の例を以下に示す。

「研究者Aは、これまでの〜という課題に対して、〜のアプローチで研究を行い、〜のような結果から、〜のような効果を得た。しかしながら、〜という課題が残る。研究者Bは、研究者Aの残した〜という課題に対し、〜のアプローチで課題を解決した。しかしながら、〜という課題が残る。そこで、本論文は、〜というアプローチで、研究A、研究Bの課題を、〜のような方法を用い解決する」

　先行研究というのは、過去の研究者たちが残してくれた大

きな財産であり、我々は彼らの研究財産を基に新たな研究を行っている。過去の研究者への尊敬の念を示すためにも、彼らの研究の成果、課題をきっちりと明確にしておきたい。ここをしっかりと明記することで、皆さんの研究が先行研究とどのように違うのか、独自性を示すことができるからである。その上で、先行研究の調査結果から、研究目標を設定し、自ら提案する仮説と、仮説を証明するための実証実験の方法などを論理的に説明する。

③～④は、②の補足説明や、②で説明した課題の深掘り調査、提案する仮説に対する検証方法の説明、検証結果のまとめや考察を明記する。

次に、⑤結論と今後の展開について記載する。結論は、自分の研究提案（研究アプローチ）に対する結果と、その有用性を示す。また、本研究における残課題を明確にした上で、今後の研究の方向性を示す。研究資金や研究データを入手する際に、お世話になった団体、企業、個人がいれば、⑥謝辞をいれる。最後に、参考文献、著者の紹介を行う。論文の分量は、学会にもよるが、日本国内における工学系の学術論文の場合は、おおよそ6～8ページ程度になるのではないだろうか。

学術論文の書き方の詳細を知りたい方は、入会を検討している学会の学会誌などを確認し、先輩方の学術論文の書き方を確認してみよう。また、以下の書籍は、学術論文を書く際に非常に参考になる。是非手にとって、論文の書き方を勉強

していただきたい。

◎新堀聰『評価される博士・修士・卒業論文の書き方・考え方』同文舘出版，2002．
◎河野哲也『レポート・論文の書き方入門』慶應義塾大学出版会，1997．

4-5. 仮説、検証型の研究スタイル

　社会人が働きながら、日々の研究を行っていくうえで、最も適している研究スタイルは、仮説、検証型であると考えられる［図4-3］。

　仮説とは、ある課題や問題に対して、仮に〜のようなアプローチをしてみたら、〜のような効果が得られるのではないだろうか、という仮のシナリオを設定する考え方である。

　簡単な例として、皆さんの会社の業務で考えてみよう。社会人の皆さんには、必ず業務上の目標があるはずだ。その業務目標と、現在の状況を認識し、そのギャップを、どのようなアプローチで補っていくのか、皆さんは、常日頃考えているのではないだろうか。

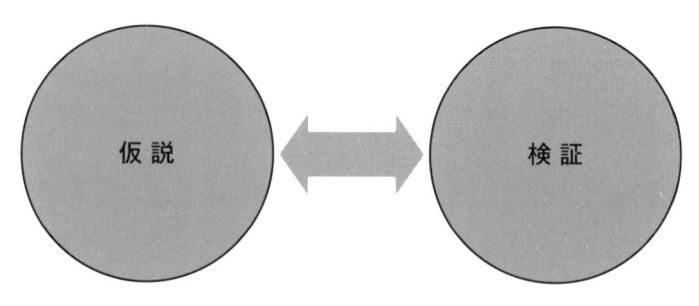

図4-3 仮説、検証型の研究スタイル

目標と現在の状況を認識し、そのギャップを埋めるために、効果的だと思われる複数のアプローチを業務の中に取り入れ、その結果、どのような効果が得られたのか定量的に分析することもあるはずだ。それが、まさに仮説、検証型のスタイルである。

　社会人学生の多くは、豊富な実務経験を有しており、日々の業務の問題点を解決するためには、今までの業務経験から「このようにすれば効果がでるはずだ」という確信をもっているに違いない。

　その、頭の中に感じていることがまさに「仮説」であり、それを実行して、定量的、定性的に分析することで、実際どの程度効果が出たのか証明する行為が「検証」である。

　第3章で述べたように、社会人学生が博士課程の研究を行う場合、日々の実務の課題を研究テーマとして取り上げることで、皆さんの考える仮説を、会社の業務で実践し、その結果（有効性）をまとめあげるとよいだろう。想定された結果と異なる、もしくは、効果的な結果がでない場合は、実証（実験）方法を変更するなどの工夫が要る。場合によっては、仮説自体が間違っている可能性もあり、仮説の見直しを行うケースもある。結果がでなかった原因を追究して、仮説および検証方法を変えていくPDCA（Plan-Do-Check-Action）のサイクルが必要である。

ポイント！ 社会人に適した研究スタイル

仮説、検証型の研究が望ましい

4-6. 先行研究（学術論文）の検索

　先行研究の調査をするにあたって、さまざまな検索サイトがある。自分が欲しいと思う学術論文を入手するのは困難な場合もあるが、根気よく探して欲しい。以下に、私が過去に使ったことがあり、学術論文および、博士学位論文作成時に、特に便利だと感じた論文検索サイトを紹介する。

　社会人の皆さんがすでに大学院に入学しているのであれば、大学経由でアクセスすることで、無料で情報が入手できる（実際は大学が、これら論文検索を行うためのアクセス権を購入し、論文検索サイトに費用を支払っている）。

　必要な学会論文をダウンロードし、プリントアウト、または、スマートフォンやタブレットPCに格納し、通勤電車の中、会社の昼休みなどを使って論文の内容を確認していただきたい。実際に論文を書き始めると分かるが、社会人は、平日まとまった時間をとりづらい。隙間時間をうまく活用し、先行研究（論文）を調査することが大事である。

　また、研究分野は、医療、保健、教育、経済、工学、美術・芸術など、さまざまな分野があり、それぞれの分野に適した論文検索サイトがある。ここではすべてを紹介しきれないが、大学院入学後、指導教員、研究室の先輩方から教えてもらうなどして、皆さんの研究領域に適した論文検索サイトを探していただきたい。

〈学術論文の検索に役立つサイト〉

◎Google Scholar（無料）

Googleが提供している学術論文検索サービス。さまざまな分野の学術論文、書籍を無料で検索できる。

http://scholar.google.co.jp/schhp?hl=ja

◎CiNii（有料）

国内の学会誌に掲載されている論文、図書、雑誌などの情報を検索できる。日本国内の文献を調査するのであれば、最も使用頻度が高い論文検索サイトの一つ。

http://ci.nii.ac.jp/

◎JDream III（有料）

国内外の医学、薬学、科学技術文献を網羅している。

http://jdream3.com/service/

◎Web of Science（有料）

全世界の学術雑誌、約8,500タイトルを採録。主に、自然科学、社会科学、人文科学の分野での学術論文の検索で役に立つ。海外の学術論文を検索するのには非常に効果的。

http://ip-science.thomsonreuters.jp/products/wos/

◎JSTOR（有料）

世界各国の人文、社会、経済・経営、科学などの学術雑誌を掲載している。

http://www.jstor.org/

◎医中誌Web（有料）

国内の医学、歯学、薬学およびその周辺分野の論文情報の検索サービス。医療系分野の方々にとって便利。

http://login.jamas.or.jp/

◎日経BP記事検索サービス（有料）

日経BP社発行雑誌の全文検索ができる電子ジャーナルサービス。章やページ単位でも検索可能。

http://bizboard.nikkeibp.co.jp/kijiken/index.html

◎日経テレコン21（有料）

日経各紙の記事情報、企業情報、経済統計など過去30年分の国内における新聞・雑誌記事の検索が可能。

http://t21.nikkei.co.jp/index.html

◎ProQuest Dissertations & Theses Database（有料）

北米、ヨーロッパの大学の博士論文を収録。

http://www.proquest.com/products-services/pqdt.html

◎学術研究データベース・リポジトリ（無料）

国内の博士論文の検索が可能。

http://dbr.nii.ac.jp/infolib/meta_pub/G9200001CROSS

4-7. 研究の独自性

　ここでは、皆さんが行う研究の独自性をどのようにして表現したらよいのか、簡単に説明する。大学院の入学時に作成した研究計画書に基づき、どのような研究論文をつくりあげるのか、指導教員としっかり話し合っていただきたい。また、先行研究の調査は、思った以上に時間と労力が必要なので、普段から先行研究を調査した内容を、必ずメモにまとめて残しておく。実は、この先行研究の調査メモが、学会投稿論文だけでなく、後の博士学位論文の作成時に非常に役に立つ。

　以下は、メモの一例である。

1 都丸孝之, ○○○○, ○○○○, ××××に関する研究, ○○学会, Vol. XX, No.X, pp. XX-XX, 2012.

（先行研究の調査メモ）
　都丸[1]は、これまでの〜という課題に対して、〜のアプローチで研究を行い、〜のような結果から、〜のような有効性を得た。しかしながら、〜という課題が残る。

　私の場合、先行研究との違いを示すために、先行研究の内容によって、A, B, C, Dのようにグループ分けし、図4-4のような2×2マトリックスで表現した。これは、あくまでも

私のやり方であり、学術論文を何本も執筆された先生方からは、もちろん異論もあるだろう。

　ただ、2×2マトリックスを活用することで、研究のターゲットや、他の研究との違いがどこにあるのか、視覚的に理解できる。自分自身の研究が、世の中の研究においてどの位置づけにあるのか、独自性など含め客観的に把握しやすいといったメリットがある。縦軸、横軸の指標をいろいろと変えてみることで、自分の研究の独自性を確認することができる。

　学術論文を執筆し投稿するためには、先行研究を調べ上げるという、まさにマーケティング活動とも言うべき作業が必要だ。

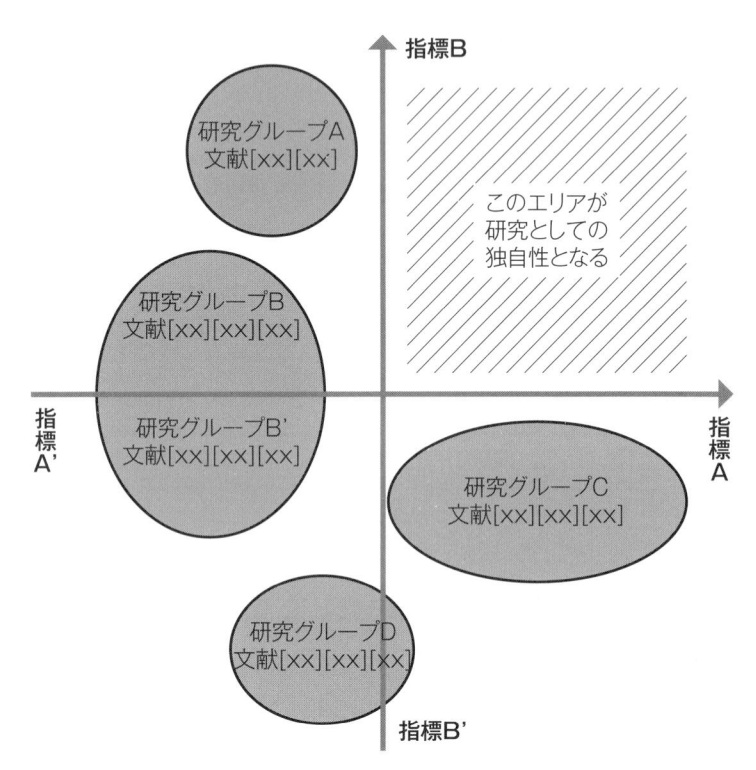

図4-4 2×2マトリックスを用いた先行研究調査

4-8. 論文の審査員（査読者）が重要視する項目

　ここでは、学術論文の査読者が論文のどの部分を重点的に読んで審査するのかについて説明する。学会誌の編集者は、皆さんから受け取った論文の内容を確認し、その分野の専門家、すなわち研究者にその論文の審査（査読）を依頼する。査読者は、大学教員、国の研究機関、企業の研究者、実務者から構成されており、基本的にはボランティアでその審査業務を行っている。

　彼らは、業務に追われる毎日で、審査の時間は十分にとれないというのが実情である。皆さんがもし審査員だとしたら、論文審査のために十分な時間をとれるだろうか？　じっくりと、何日もかけて論文の中身を精査し、修正コメントを出す余裕があるだろうか？　それを考えた場合、査読者が、効率よく短時間で、論文の中身を理解しようとするのは容易に想像できるだろう。

　多くの査読者が真っ先に読む項目は、①アブストラクト、②はじめに、③結論である。この3つをチェックすることで、審査対象となる論文の全体像を短時間で把握する。研究の課題は何なのか？ 独自性はあるのか？ 有用性を示しているか？ 普遍性をもっているか？ などといった点の確認である。その後、疑問に思った点や、論理性、実験データなどの詳細を確認するべく、本文をチェックする。

従って、学会に提出した論文審査に合格するためには、先に述べた ①〜③ は、しっかりと内容を仕上げておきたい。学会誌に掲載されている学術論文は、①〜③ を入念に書き上げているはずだ。

　おそらく、皆さんを指導する教員も、論文をチェックする際には、①〜③ を真っ先に確認するだろう。そうした意味で、大学の指導教員は、査読者の視点で、皆さんの論文を指導してくれるはずである。

> **ポイント！** 論文の審査員（査読者）が重要視する項目

研究の独自性、普遍性、信頼性、有用性を確認するため、
①アブストラクト、②はじめに、③結論を
最初にチェックする

4-9. 論文投稿のテクニック

① 特集号（Special Edition）への投稿

　査読付き学術論文の投稿については、特集号（海外だと、Special Edition）に投稿することを個人的にはお勧めする。通常の投稿（投稿締め切り期限がなく、入会している学会に任意に投稿できる）も問題ないが、「4-2. 学会論文投稿のプロセス」でも述べたように、査読が長引いた場合、アクセプトされるまで1年以上かかるケースもある。

　特集号であれば、学会誌の掲載号、出版の期日が決まっているため、比較的短い期間で審査してもらえる。学会にもよるが、早ければ、学術論文を投稿して数カ月で掲載されることもあるようだ。

　ただ、特集号に投稿するためには、事前に口頭発表用の論文を投稿し、学会発表を済ませておかなければならない学会もある。学会発表を行い、指摘された内容をフィードバックし、もう一度、学術論文として特集号に投稿しなければならないため、二度手間のように見えるが、このプロセスを経ることで、査読付き学術論文の採択率は大きく向上する。もちろん、リジェクトされる可能性もあるので、学術論文としての質を上げることが大事である。

　また、発表した学術論文が、単純に研究の新規性だけでなく、社会的な有用性があるなど、その内容を認められれば、学会

誌特集号へ投稿してみてはどうかと、学会から推薦を受けるケースもある。学会からの推薦があれば、特集号でリジェクトされることは、まずないであろう。

　これから学会の入会を検討している社会人は、学会のホームページを確認し、特集号がどのようにして組まれているのか確認していただきたい。

　私の所属している学会の特集号の事例を説明する。私の所属している学会では、毎年、春季研究発表大会、秋季研究発表大会があり、その大会後、半年以内に特集号が出版される。2011年の場合、春季研究発表が5月末、学術論文の投稿が7月末、査読者からの修正要求のコメントが8月末、論文改訂版の再投稿が9月中旬、学術論文の採択が11月1日と、査読付き学術論文を投稿してからアクセプトされるまで、わずか3ヵ月程度であった。

　これに対し、同学会に2010年3月に通常の投稿をした査読付き学術論文は、2度に渡る査読者からの修正要求を経て、最終的にアクセプトされるまで12ヵ月もかかった。特集号に投稿したことで、1/4の期間でアクセプトされたことになる。

　もちろん特集号といっても、すべての論文がアクセプトされている訳ではないので、学術論文の質については十分精度を上げる必要がある。私の所属している学会の春季研究発表大会では、19件研究発表があり、その中で学術論文として特集号にアクセプトされたのは、わずか4件である（査読の関

係で掲載が遅れた学術論文もあるので、実際のアクセプト率はもう少し高い）。

このように、投稿した査読付き学術論文すべてがアクセプトされるわけではないが、通常の投稿に比べ、特集号に投稿した方が審査期間は短いと言える。

これは、国内の学会のケースであるが、海外の学会も根気よく探せば、必ず特集号は見つかるはずだ。私は、イギリスのものづくりに関する学会の特集号に投稿するつもりが、誤って通常の投稿をしてしまい、大きく時間をロスしてしまった経験がある。

査読付き学術論文をイギリスの学会に投稿し、アクセプトされるまでの期間は、18カ月であった。2009年11月に査読付き学術論文を投稿し、3度に渡る修正要求を経て、2011年6月上旬にアクセプトの通知があった。

もし、この論文を特集号に投稿していれば、採択されるまでの期間はちょうど1年であったことが、その後の調査で判明した。海外の特集号も、日本国内の特集号と同様、学会論文誌の発行の期日が決まっているため、エディター（査読者の選定や、特集号の発行をとりまとめる編集者。通常は大学教員、研究機関の人が多い）は、査読者に対して短期間での審査を依頼することになる。そのため、学術論文の採択までの期間が全体的に短縮されると考えられる。

日本国内の学会同様、海外でも特集号に投稿することで、査

読付き学術論文のアクセプトまでの期間を大幅に短縮することができるのである。

② 短期査読サービスの活用

　博士課程の学生や大学教員、各研究者からの査読短縮化の要請を受け、ここ数年、短期査読サービスを提供する国内外の学会が増えてきた。すべての学会で、短期査読サービスを提供しているわけではないが、皆さんが入会を検討している学会で、サービスの有無を確認してみよう。

　通常、査読期間は数カ月におよぶことが一般的であるが、短期査読サービスを利用することで、査読期間が2週間～1カ月と、通常の学術論文の投稿に比べ、大幅に短縮される。ただし、通常の学術論文の投稿では、査読料は徴収されないが、短期査読サービスを利用するためには、学会に査読料を納めなければならない。料金は、数万～10万円程度である。

　ただし、査読が短縮されるからといって、査読者の審査が甘くなるということではない。学術論文の投稿前に、新規性、信頼性、有用性、普遍性などの観点で、論文内容をしっかりと仕上げておきたい。

　以下に短期査読サービスを提供している学会の例をあげる。

〈短期査読サービスを提供している学会〉

◎日本健康科学学会（学会誌特別査読掲載制度）

　　http://www.jshs.gr.jp/books/publish_system.html

◎日本設計工学会（特急掲載サービス）

　　http://www.jsde.or.jp/japanese/index.html

◎日本コンピュータ外科学会（特急査読）

　　http://www.jscas.org/jjscas-appli.htm

◎砥粒加工学会（特急校閲）

　　http://www.jsat.or.jp/journal/writing.jsp

ポイント！ 査読付き学術論文投稿のテクニック

> 学術論文の採択までの時間を短縮するために
> ・国内外の特集号に投稿
> ・各学会の提供する短期査読サービスを活用

4-10. 論文投稿でやってはいけないこと

　論文作成および論文投稿における注意事項について記す。以下の行為は絶対にやってはいけない。

◎盗作（著作権侵害）
◎データ捏造
◎重複投稿（二重投稿）
◎すでに発表済み（書籍、学会誌など）の内容の投稿

　盗作（著作権侵害）や実験データの捏造は、絶対にしてはならないことである。もし皆さんが、他から入手した実験データを引用、または、他者の著作物を引用する場合は、必ずリファレンス番号をつけて、出所を明確にしておかなければならない。

　そして、社会人に最も注意を払って欲しいのは、重複投稿である。

　重複投稿とは、同じ内容の論文を、2ヵ所以上の学会に同時に投稿することをいう。基本的には、論文投稿中（査読中）は、同一内容の論文を他の学会誌に投稿してはいけない。投稿した論文が採択不可、すなわち査読結果でリジェクトが明確になった場合のみ、別の学会誌への投稿が可能となる。初めて論文投稿する方には、特に注意していただきたい点であ

る。
　また、学会に論文を投稿する際には、同じ内容の論文が、他の学会誌や書籍などで発表されていないことを確認していただきたい。海外の学会で採択された英語論文を、日本語に直して国内で投稿するといったことも、もちろんしてはならない行為である。
　日本総合健診医学会では、重複として取り扱われない場合の判断基準として、以下のような条件をあげている。

1）方法が変わっていること
2）新たな結果が得られていること
3）データが追加されていること
4）既存発表よりも詳細な解析がなされていること
（出所：日本総合健診医学会「重複に関する注意喚起」
https://jhep.jp/jhep/rinri/eth08.jsp）

　皆さんの投稿する論文の内容が、学会、国際会議などで発表されていたり、書籍や学会誌に掲載されていたりしないことを確認しよう。論文の投稿前に、先行研究などの文献調査をしっかりと行っていただきたい。

> **ポイント！** 論文投稿でやってはいけないこと

- 盗作（著作権侵害）
- データ捏造
- 重複投稿
- すでに発表済み（書籍、学会誌など）の内容の投稿

第5章 **最終関門：博士審査のプロセス**

　本章では、最後の難関である博士論文の作成と、審査のプロセスについて説明する。博士の最終審査の大変さは、今まで査読付き学術論文を投稿し、アクセプト（学会誌の掲載許可）されるまでの苦労とは、また違ったものだ。働きながら博士論文を執筆し、博士号取得のための、複数回にわたる口頭試問を乗り越えることは、精神的にも肉体的にも、かなりハードである。ここまで到達した社会人の皆さんは、富士山でいえば、8合目くらいまで来たといえるかもしれない。博士号取得までもう少しである。心身ともに辛いだろうが頑張っていただきたい。

5-1. 博士審査のプロセス

　図5-1は、博士号の学位審査（博士審査）のプロセスである。博士の学位申請のタイミングは、ほとんどの大学院で年2回ある。もし、3月末に博士号を取得できなかった場合は、半年後の博士審査に間に合わせるよう、博士論文を執筆、準備しておきたい。

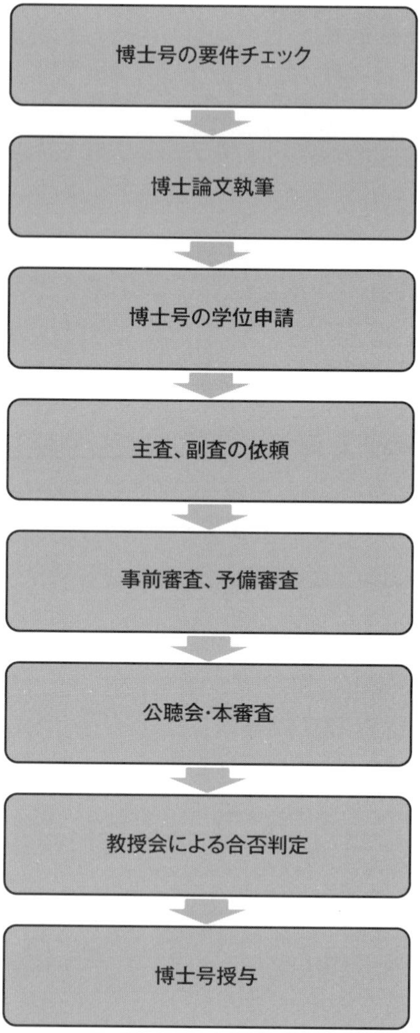

```
┌─────────────────────┐
│  博士号の要件チェック  │
└─────────────────────┘
          ↓
┌─────────────────────┐
│     博士論文執筆      │
└─────────────────────┘
          ↓
┌─────────────────────┐
│   博士号の学位申請    │
└─────────────────────┘
          ↓
┌─────────────────────┐
│   主査、副査の依頼    │
└─────────────────────┘
          ↓
┌─────────────────────┐
│   事前審査、予備審査   │
└─────────────────────┘
          ↓
┌─────────────────────┐
│    公聴会・本審査     │
└─────────────────────┘
          ↓
┌─────────────────────┐
│  教授会による合否判定  │
└─────────────────────┘
          ↓
┌─────────────────────┐
│      博士号授与       │
└─────────────────────┘
```

図5-1 博士号の学位審査のプロセス

ここでは、一般的な博士審査のプロセスについての概要を述べる。まず、学位を申請する前に、博士号取得に必要な査読付き学術論文数（学会誌掲載かアクセプト）がどの程度あるのか、チェックして欲しい。皆さんの所属する大学院、研究科によって、博士号を申請するのに必要となる査読付き論文数が、それぞれ異なるからである。博士号を申請するにあたって必要となる査読付き論文数については、「5-2. 博士号取得に必要な査読付き学術論文数」を参照していただきたい。

　博士号の学位を申請するまでには、博士論文の執筆を終えておきたい。博士論文の内容についても、指導教員に事前に何度もチェックしてもらい、博士の学位申請にふさわしい内容にしておくべきである。従って、博士の学位申請をする何カ月も前から、博士論文の準備を進めておかなければならない。

　次に、大学院の事務に、博士の学位審査を依頼するための書類を提出する。書類の種類としては、学位申請書、博士論文、論文要旨、論文目録、申請者の履歴書、研究業績書、予備審査願、学会に掲載された査読付き学術論文のコピーなどがあげられる。

　その後、主査（指導教員）、副査（2名以上、学内外）をアサインし、予備審査（博士号取得のための1次審査）が実施される。大学院、研究科によっては、予備審査の前に、事前審査が課される場合もある。事前審査では、皆さんが提出し

た博士論文の構成に基づき、各章ごとに内容がチェックされる。詳細については、「5-6. 博士学位審査」を参照していただきたい。

事前審査、予備審査に合格すると、次はいよいよ公聴会・本審査だ。公聴会とは、大学院内部だけでなく、一般の人々にも公開している博士論文の発表の場である。皆さんの博士号取得のための研究発表に、誰もが参加し、誰もが質問できるような開かれた場となっている。

本審査とは、公聴会終了後に、主査、副査によって行われる博士論文の最終審査のことであり、一般の人は参加できない。本審査とは、事前審査、予備審査などで確認できなかった博士論文の内容を、最後に口頭試問で確認する場である。口頭試問で課題をクリアにできなかった場合、引き続き、博士論文の改訂を求められることもある。また、新たな実験を追加で課される場合もある。

予備審査、公聴会・本審査いずれも、博士論文に記載されている研究内容について、パワーポイント（PowerPoint）などを使ってプレゼンし、さまざまな質問に対して、的確に回答しなければならない。欧米では、この博士最終審査の質疑応答のことをディフェンス（Defense）と呼ぶ。

博士審査のプロセスや方法については、皆さんの所属する大学院や研究科によって大きく異なるので、詳細は指導教員に確認していただきたい。

> **ポイント！** 博士審査のプロセス

- 査読付き学術論文のアクセプトが必要
- 博士号取得に必要な査読付き論文数については事前に指導教員に確認する
- 博士審査は、予備審査、公聴会・本審査の2回
- 大学院によっては、予備審査の前に、事前審査(博士論文の章ごとの審査)がある

5-2. 博士号取得に必要な査読付き学術論文数

　博士号を申請するにあたって必要となる査読付き学術論文数については、皆さんの所属する大学院、研究科でそれぞれ異なるが、査読付き学術論文の学会誌掲載か、アクセプト（学会誌掲載許可）が複数必要となる。いくつかの大学院、研究科を調べたが、日本国内では1～3本の学術論文が要求されるところが多い。中には学術論文を必要としない大学院もあるようだ。また、掲載された査読付き学術論文については「第一著者（First Author）」であることが望ましい。

　大学院によっては、1本は必ずインパクトファクター（投稿先の学会誌が、どの程度他の研究者から引用されているのかを表す尺度。英科学誌 *Nature* は、世界的に有名）があることを条件にしているところもある。

　インパクトファクターの有無については、投稿を検討している学会誌のホームページに記載されているケースもあるが、最新の情報は、Web of Scienceを使って調べるとよい。国内の学会誌には、インパクトファクターの無いところも多い。なぜなら、国内の学会誌は、日本語で書かれていることがほとんどなので、海外の研究者から参照されないためだ。

　従って、もし、インパクトファクターのある学会誌に投稿したいのであれば、必然的に海外の学会に投稿する必要がある。博士号をとる皆さんには、是非、英文による査読付き学

術論文の投稿を検討して欲しい。これからは、日本国内だけでなく、海外で通用する研究者になっていただきたいからだ。

また、大学院によっては、国際会議の査読付き論文を、博士号取得の要件として認めてくれるところもあるようだ。国際会議なので、査読に通ったあと英語による研究発表を行わなくてはならない。国際会議の査読付き論文は、学会誌の査読付き学術論文に比べ、査読期間が一般的に短く、数カ月単位である。

国際会議の査読付き論文は、Extended Abstract（通常より長めのアブストラクト）提出→フルペーパーの投稿→査読結果のフィードバック→論文の修正といった手順をとる。ただし、学会によって異なるので注意していただきたい。

国際会議に投稿した査読付き論文の査読者の数は2名前後である（査読者1名というケースもあるようだ）。また、日本国内とは違い、海外の学会には、学会会員でなくても投稿できるところもあるので、ホームページなどで調べていただきたい。

査読無しの学会発表論文については、何本投稿しても、博士号取得の要件にならない大学院がほとんどである。ただ、素晴らしい研究内容であれば、学会発表後に、査読付き学術論文に手直しし、学会への論文投稿を促されることもある。いわゆる、学会からの推薦であり、このケースで査読付き学術論文として投稿すれば、かなり高い確率で論文が採択される。

いずれにしても、博士号を申請するためには、査読付き学術論文を複数用意しておく方がよいだろう。

　以下のホームページは首都大学東京のものだが、博士号取得に必要な査読付き学術論文数について記述しているので、一例として参考にしていただきたい。

◎首都大学東京（博士号授与に関する学位論文審査基準及び学位授与プロセス）
http://www.tmu.ac.jp/kyouikujouhoutop/arbitrary-matter/dshinsakijun.html

> **ポイント！** 博士号取得に必要な査読付き論文数
>
> ・査読付き学術論文の学会誌掲載もしくはアクセプトは複数あるとよい
> ・海外の査読付き学術論文（インパクトファクター）を必要とする大学院もある
> ・査読付き国際会議論文も博士号取得の要件として認めてくれる大学院もある

5-3. 博士論文の研究テーマ

　繰り返しになるが、博士号を取得する際の研究テーマは、社会人の場合、現在携わっている業務に関連した研究内容を選定していただきたい。一般学生であれば、過去に経験したことのない研究テーマを選定しても、その研究の課題分析や仮説検証など、研究の深掘りをするための時間がとれる。社会人学生は日常の業務もあり、なかなかそうした時間をとるのが難しい。

　今まで、私の周りで、博士号を取得した社会人学生の多くは、自分の業務課題を研究テーマにしている。自分の業務に関連した内容を研究テーマにすることで、得意な研究分野の深掘りができるだけではない。研究課題を業務と直結させることで、業務時間内に研究、論文執筆を行うことも可能になる。これに対し、業務と直結していない内容を研究テーマにした社会人学生は、研究がなかなか進まず、学会投稿用の論文も満足に書けず、非常に苦戦している状況である。

　また、社会人の中には、修士課程から博士課程に進学される方もいるかと思う。その場合、修士課程の研究を発展させ、博士の研究テーマとして選ぶのもよいだろう。博士論文として選ぶ研究テーマは、「3-4. 仕事と研究を両立させるためのテクニック」を参照のこと。

> **ポイント！** 博士論文の研究テーマ

自分の実務に直結した研究テーマを選ぶ

5-4. 国際会議、国内学会発表の落とし穴

　第4章では、学会発表をたくさん行って、学会関係者との人脈を広げていただきたいとアドバイスしたが、注意しなければならないこともある。国際会議や、国内での学会発表の投稿ばかりに目を向けて、査読付き学術論文の投稿を後回しにしてしまうパターンだ。

　ほとんどの大学院が、査読無しの学会発表は、博士号取得に必要な論文としてカウントしない。査読付きの国際会議論文は、大学院によってはカウントしてもらえることもあるが、その数はきわめて少ないと考えられる。

　査読のない学会発表用の投稿については、基本的にリジェクトがほとんどなく、もし修正要求のコメントがあったとしても、比較的簡単に対応できる。従って、査読付き学術論文に投稿する時と違い、査読者の指摘事項に対する回答書作成や、査読者の要求に沿った論文改訂などで培われる対応力を身につける機会が少ない。

　査読付き学術論文の投稿を積極的に行うことで、査読者の指摘事項に対応するための論理的思考能力（査読者の指摘が誤っている場合は、実験や検証データを示して反証する、査読者の指摘が正しい場合は、指摘事項に従い再実験や再検証をし、その結果を論文内容に確実に反映させる）を身につけることができる。

また、投稿した査読付き学術論文がアクセプトされることで、研究者としての自信、成長にも繋がり、そこで鍛えられた論理的思考能力は、博士最終審査のための博士論文の作成に、非常に役に立つ。

　繰り返しになるが、国際会議、国内での学会発表のための投稿は、もちろん積極的に行っていただきたい。しかしながら、大学院の多くが博士号取得に必要な論文としてカウントしないことを考えると、査読無しの論文ばかり投稿し、そのための時間を費やすのは、とてももったいないことである。学会発表後に、学会関係者から研究内容について指摘やアドバイスをいただいたら、是非その内容をフィードバックして、査読付き学術論文として投稿して欲しい。

5-5. 博士論文執筆の注意点

① 早い段階での執筆準備

　大学院の定める博士学位申請の基準に達する見込みが立ったら、早い段階で博士論文の構成（全体像）、章立てをしておくとよい。特に、社会人学生の場合は、会社業務の関係で、土日しか時間のとれない方もいる。そうした方は、是非、査読付き学術論文と並行して、博士論文を執筆しておくことをお勧めする。

　過去、私の所属する慶應義塾大学大学院システムデザイン・マネジメント研究科で、博士号をとった社会人学生の大半は、学位申請の1年前、おそくとも半年前から博士論文を執筆している。職をもたない一般学生であれば、博士論文締め切りの2カ月前からでも十分間に合わせることができるが、社会人学生はとにかく早めに論文執筆を始めたほうがよいだろう。

　ある大手企業に勤めていた社会人学生の例をご紹介したい。その方は、博士号取得に必要な査読付き論文数の要件に達したタイミングで、学位申請書と、博士論文の提出をしていた。博士の学位申請の締め切りぎりぎりのタイミングで査読付き学術論文がアクセプトされた場合、博士論文の執筆が間に合わないことから、修了を半年延ばして、博士論文を提出するというのが一般的である（私もまさに、そのパターンであった）。

しかしながら、すでに博士論文が仕上がっていたという事実を考えると、その社会人学生は、普段の会社業務の隙間、夜間、早朝、土日を使い、博士論文にこつこつと取り組んでいたものと考えられる。また、査読付き学術論文と博士論文を、並行して執筆していたことも容易に想像がつく。参考までに、その社会人学生は、会社の業務に追われ、毎日帰宅が深夜近くになるほど多忙な方である。

　同じ社会人として、仕事をこなしながら、査読付き学術論文、博士論文を同時に進めることのできる、彼の研究スタイルには脱帽である。

② 論文の構成と矛盾点を解消

　私が博士課程に在籍していた時、「査読付き学術論文がすでに3本通っているのだから、博士論文の執筆は簡単ですね！」と、他の学生からよく言われた。しかし実は、やってみると分かるが、博士論文作成はそんなに簡単なことではない。今まで投稿した論文を繋ぎ合わせようとしても、なかなかうまくいかない部分があり、新たに内容を追加、新しい章を起こすなど、修正しなければならない部分が多々発生する。

　当たり前のことだが、今まで投稿した学術論文の内容を、すべて博士論文に盛り込もうとしても、関連性がない部分もあるので、その部分は取り除かなければならない。博士論文のタイトル、章と節の構成を考え、その中で、アクセプトされ

た査読付き学術論文を、どの章に入れ込むべきか、何度も試行錯誤を繰り返し、ブラッシュアップしていく必要がある。

　博士論文を書いている学生の気持ちからすると、どうしても、今まで投稿した査読付き学術論文や口頭発表論文の内容をすべて盛り込み、博士論文の枚数をかせぎたい、という心理に陥りがちだが、関係ない部分を思い切って削除し、逆に、不足している内容を補って修正していくことが、博士論文を作成する上では重要である。

　博士論文を書く際には、研究の全体像を示す図を必ず一つ入れるとよい。全体像を示す図を入れ込むことで、博士論文の構成が視覚的に理解でき、博士論文の章と節が、全体のどこに位置づけされているのか理解しやすい。加えて、今までアクセプトされた査読付き学術論文がこの図のどこに位置づけされるのか、また今後、追加すべき研究分野がどこにあるのか、自分自身で把握できるようになり、博士論文を執筆する上で非常に効果的である。

　また、博士論文タイトル、各章、節の見出しの関係性を明らかにするとともに、章、節の見出しは、その章、節を俯瞰している言葉であるかどうか、何度も見直していただきたい。この、あたりまえの作業が、なかなか大変であることに気づくはずだ。

　もう一度言おう。まずは、①論文のタイトル、②論文タイトルを補う章と節の構成、③研究の全体を表す図 を書き出し

てみるとよい。査読付き学術論文のアクセプト経験のない方も、まず、①〜③を実施し、①〜③を実現するために必要な学術論文の中身を、指導教員と相談して欲しい。行きあたりばったりで、査読付き学術論文を投稿、学会での研究発表をしても、最終的に博士論文としてまとめあげる時に非常に苦労することになる。博士論文の最終の仕上げ（ゴール）をイメージし、それぞれの関連する研究分野に対して戦略的に学会論文を投稿し、博士論文を仕上げることが大事である。

　以下のホームページは、博士論文の審査基準、まとめ方などを知る上で、非常に有益な情報が掲載されている。論文作成の際には、是非参考にしていただきたい。

◎早稲田大学大学院環境・エネルギー研究科（博士論文の「審査基準」と「審査プロセス」および「研究指導と論文の作成プロセス」）
http://www.waseda.jp/weee/labo/dissertation.html#s_03
◎早稲田大学大学院環境・エネルギー研究科（博士学位論文のまとめ方と審査への対応）
http://www.waseda.jp/weee/company/hakase_exam%20ver1.html

③ 先輩方の博士論文を参考にする

　博士論文を書く際には、皆さんの所属している大学院や研究科の先輩方の博士論文を入手し、是非参考にしていただきたい。過去の博士論文が、どのような章立て、文書構造で書かれているか確認するためだ。優れた博士論文は、文系出身、理系出身など、専門分野に関係なく、初めての人が見ても理解しやすい内容になっているはずである。

　博士論文、学術論文をたくさん読むことで、読みやすく優れた博士論文と、読みづらく理解しづらい博士論文が、自然と分かってくる。私が理解しやすいと感じた論文と、読みづらいと感じた論文の特徴を紹介する。

〈読みやすい博士論文〉

◎研究の背景、課題、研究目標まで論理だった文章構成となっている。必要な情報のみが掲載されており、無駄な情報が一切入っていない。

◎平易な文章で簡潔に書かれている。高度に専門的な学術論文であっても、平易な言葉で記されており、専門知識のない読み手でも理解しやすい。

◎主語、述語、目的語がきちんと文章に示されている。英語ではあたりまえの文法だが、日本語で記すと、つい主語が抜けているなど、分かりづらい文章になってしまいがちである。

◎文章内で使われる用語、言い回しが、すべて統一されている。

〈読みづらい博士論文〉

◎博士論文の枚数を増やそうと、背景や各章に必要以上の内容が記載されている。論文に直接関係のない無駄な情報が書かれていることで、読み手を混乱させている。省いても論文にはなんら影響を与えない、意味のない内容は削除した方がよい。

◎難しい言葉を多用している。また、分かりづらい遠回しな表現をしている。もし専門用語を使うのであれば、言葉を定義して使う、もしくは、平易な言葉で誰が見てもなるべく理解しやすい言葉に置き換える必要がある。

◎文章内で使われる用語、言い回しがばらばらであり、読み手を混乱させる。

　会社の業務報告書は、少々言葉足らずでも、同じような業務に携わっている人であれば、背景も含め、その文章を理解してもらえるかもしれない。しかしながら、常に読み手が書き手と同じ知識、経験をもっているわけではないので、読み手が理解してくれるという安易な甘えに頼ってはいけない。誰もが理解できる文章を、普段から心がけるべきで、博士論文を執筆する上でも、言葉は大事に用いなければならない。

　これは、私の指導教員である、慶應義塾大学大学院システムデザイン・マネジメント研究科教授 西村秀和氏から教わったことである。

　皆さんが慶應義塾大学大学院の博士論文を参考にしたいの

であれば、慶應義塾大学学術情報リポジトリKOARAから、無料で博士論文をダウンロードできる。よい博士論文を入手して、それを是非参考にしていただきたい。

http://koara.lib.keio.ac.jp/xoonips/

> **ポイント！** 博士論文執筆時の注意①
>
> ・博士の学位申請の前から博士論文を執筆開始
> ・博士論文のタイトル、章、節の構成に矛盾がないこと
> ・研究の全体を表す図を入れる
> ・平易な言葉で表現し、使う言葉を統一
> ・読み手を混乱させる無駄な情報を入れない

④ 要旨、課題設定、研究目標、結論、謝辞は手を抜かない

　要旨、課題設定、研究目標、結論、謝辞は手を抜かないで欲しい。要旨、研究の背景となる課題設定、研究目標の関連性を示すことは、博士論文を執筆する上で非常に重要である。

　私は、博士課程に在籍中、3つの研究分野の論文を執筆した。博士論文を作成する際には、この3つの研究分野の必要性、関連性を示すため、研究背景、課題設定、課題分析（先行研究の調査含む）は何度も書き直した。

　社会問題を取り扱った研究、技術的な課題を取り扱った研

究、どのような研究分野でも共通に言えることは、課題分析をしっかりと行うことである。特に、定量的に課題分析できれば、そのあとの研究目標がより具体的に設定できる。研究の背景を具体化することで、博士論文の構造化（論文のタイトル、論文タイトルを補う章と節の構成）が容易になり、博士論文の精度も大幅に向上するはずである。

　また、謝辞にはじっくりと時間をかけていただきたい。謝辞は、今までお世話になった指導教員、副査、研究を補助してくれた研究者、仲間、さらには、ヒアリングなどでお世話になった企業の方々、学生事務、それに、皆さんを励まし支えてくれた家族へのお礼の言葉である。

　指導教員、副査、研究室の仲間は、皆さんの博士論文をチェックする際に必ず謝辞を見ている。謝辞は、博士論文の結論と同様に大事な内容である。今までお世話になった方々とのエピソード含め、自分の言葉で感謝の意を表していただきたい。

ポイント！　博士論文執筆時の注意②

- 課題設定、研究目標、結論は論理的に繋がっていること
- 謝辞は手を抜かない。お世話になった方々に自分の言葉で感謝の意を表すこと

5-6. 博士学位審査

「5-2. 博士号取得に必要な査読付き学術論文数」で述べたように、博士学位申請に必要な論文数に達したら（もしくは、達成する見込みが立ったら）、指導教員に早めに相談して、学位申請の時期を必ず確認しておきたい。投稿した査読付き学術論文が通過してほっと一息入れたいところだが、大変なのは、その後の博士学位審査のプロセスにはいってからである。

博士の学位審査は、「予備審査」、「公聴会・本審査」の2つを課している大学院、研究科が多いようである。博士号を取得するためには、それぞれの審査を通過させなければならない。大学院によっては、予備審査の前に、博士論文の内容を確認する「事前審査」を導入しているところもある。また、日本語だけでなく、英語で博士論文をプレゼンさせたり、専門的な知識を問う口頭試問を課す大学院もある。

皆さんの所属する大学院、研究科によって、博士学位審査の方法が異なるため、詳細は指導教員に確認していただきたい。以下に、「事前審査＊」「予備審査」「公聴会・本審査」の3つをそれぞれ説明する。

＊事前審査という呼称は、便宜上、本書で使っている言葉である。呼び方については大学院によって異なる。

◎事前審査：博士論文全体の質を確認する審査である。審査の方法は大学院によってさまざまだ。予備審査のように、指導教員、副査（大学院内部の教員または、外部審査員）から、博士論文に記載されている研究内容について質疑を受ける形式である。大学院によっては博士論文の各章毎に審査を行うこともある。博士論文の各章の内容を深く議論するため、審査日程が数日間に及ぶケースもある。指導教員、副査に博士論文のみ渡して、審査してもらう場合もある。

もちろん、上記で述べたように、事前審査を行わない大学院もある。皆さんの所属する大学院、研究科によって、ずいぶんと異なるので、指導教員に確認して欲しい。

◎予備審査：博士論文全体と、研究内容の質を審査する。審査員は、指導教員（1名）、副査（2〜4名）。指導教員、副査から博士論文に記載されている研究内容についていろいろな視点から質疑を受ける形式である。学位申請者である皆さんが、博士論文の内容に基づき、研究内容をプレゼンする。
発表者は、博士論文の目次（各章）に沿ったプレゼンを行う。大学院によって、審査時間は異なるが、発表と質疑応答で合計120分前後が目安。中には合計60分という例もある。大学院によっては、基礎学力を試すための口頭試問、英語能力を試すための試験もある。

◎公聴会・本審査：事前審査、予備審査で指摘された博士論文の内容を修正し、一般参加者の参加する公聴会で博士論文のプレゼンを行う。発表と質疑応答で60〜90分前後。公聴会終了後、主査と副査だけによる、本審査が行われる。本審査では、英語によるプレゼン、英語による質疑応答が行われるケースもある。発表時間、質疑応答の時間は、日本語の審査に比べて若干短いことが多い。

① 副査のアサイン

　副査については、博士の学位申請の数カ月前に決定していることが望ましい。正式な副査の要請については、主査である指導教員から副査を受けていただく教員宛てに連絡する形をとる。ただ、事前に皆さんからも、副査になっていただきたい教員に、ネゴシエーションしておくとよいだろう。

　指導教員と同様、副査になっていただく教員も、皆さんが研究者、実務者として活動するにあたって、研究、実務、今後のキャリアなど、人生におけるよき相談相手となる可能性がある。指導教員同様、副査になっていただく教員も、慎重に選んで欲しい。

　副査は、皆さんの研究分野と全く同じ領域、もしくは、近い研究領域の教員から選ばれることが多いかと思う。副査を選ぶポイントは、研究の全体を捉えて大きな視点からアドバイスしてくれる教員（「森」を指摘してくれる教員）、研究の

本質や詳細を指摘してくれる教員(「木」を指摘してくれる教員)、2タイプがいるとよい。

　研究全体の流れをチェックしてくれる教員と、研究データなどを事細かに確認してくれる教員の2タイプの教員がいることで、博士論文全体の精度を大きく向上させることができる。従って、副査の教員を誰にするべきか、主査である指導教員と早くから相談しておくべきである。

　また、博士審査においては、主査(指導教員)、副査含め最低3名以上必要となるが、外部(皆さんが所属している研究科以外)から最低1名の副査を含めなくてはならない。

　上述のように、博士論文および、副査への審査依頼は、博士の学位申請の前段階で余裕をもって終えておく必要がある。

　私の場合、幸運なことに研究、実務経験の豊富な教員を副査として迎え入れることができた。厳しい指摘もたくさん受けたが、博士論文の質を格段に向上させることができ、今思うと非常に充実した審査会を経験することができた。

　博士最終審査会である、予備審査、公聴会・本審査までの道のりは長く、精神的にも、肉体的にもタフだったが、研究活動、論文執筆活動は、本当に自分自身を成長させてくれたよい機会であり、素晴らしい教員にも恵まれた。今でも、主査(指導教員)、副査の教員からは、研究、実務、キャリア相談など、さまざまな面でサポートをいただいている。

② 公聴会プレゼン資料の作成時に陥る罠

　ここでは、博士最終審査で使う、博士論文発表用のプレゼン資料について簡単に注意点を述べておく。博士の最終審査は、事前審査、予備審査、公聴会・本審査からなっているが、事前審査や、予備審査で作成した博士論文発表用のプレゼン資料と、公聴会・本審査で用いるプレゼン資料には、大きな区別が必要である。

　博士最終審査の一連の流れで陥りがちなのが、事前審査、予備審査で用いたbusyなプレゼン資料（小さい図や文字が隙間なく詰め込まれ、内容を盛り込みすぎたスライド）を、公聴会・本審査までに大きく修正することができないケースである。

　公聴会では、busyなプレゼン資料を使って発表する博士課程の学生を何人か見てきた。公聴会には、皆さんの博士研究を初めて聞く方もたくさんいる。そうした公聴会参会者の感想は、スライドの文字が遠くから全く見えない、理解に苦しんだといったものである。

　博士論文の事前審査、予備審査などは、博士論文全体の章を説明するため、プレゼン資料の枚数が多くなったり、プレゼン資料がbusyになったりしてしまいがちだが、公聴会では、研究として訴求したい点に絞って発表することが大事である。

　実はこの博士論文発表用のプレゼン資料をシンプルにする作業が、最も難しいと言える。なぜなら、事前審査、予備審査

で、主査、副査の教員からさまざまな指摘をもらうため、学生はその内容すべてを博士論文発表用のプレゼン資料に盛り込もうとするからだ。

　主査、副査の指摘事項を、矛盾がないように博士論文に盛り込む作業はもちろん行っていただきたい。しかしながら、博士論文発表用のプレゼン資料に対して、主査、副査の指摘事項をすべて盛り込もうとすると、busyなプレゼン資料が、さらにbusyになってしまう。

　そこで、公聴会で使う博士論文発表用のプレゼン資料については、主査、副査から指摘された内容でも、本当に必要な部分のみを盛り込み、発表のストーリーを崩さないよう、自分自身で情報の取捨選択をするべきである。今まで博士号を取得した博士課程の社会人学生の多くは、このbusyになりがちな博士論文発表用のプレゼン資料を、分かりやすくシンプルにする作業に多大な時間を費やし、悩んだはずだ。

　博士論文や、今まで学会投稿した学術論文すべてを、たった60分程度の時間で、詳細にわたり説明するのは不可能に近い。従って、何を訴求したいのか、博士論文のタイトルにあった内容に絞り込むことが大事である。

　何度も言うが、事前審査、予備審査で作成した博士論文発表用のプレゼン資料をベースに、公聴会では、より分かりやすく、内容を簡潔にする修正作業が必要である。事前審査、予備審査で、さまざまな指摘を、主査、副査の教員からもらう

ことになるが、その修正をいかに分かりやすく、博士論文発表用のプレゼン資料の枚数を増やさず改訂するか、皆さんの腕の見せ所だ。

③ プレゼンの練習を何度も繰り返す

　博士最終審査のプレゼンの練習は何度も繰り返す。学会などで発表経験のある方も、何度も博士最終審査発表に向けたプレゼンの練習をしていただきたい。発表慣れしている方でも、博士の最終審査を兼ねた公聴会は、緊張するからである。

　事前に何度も練習をし、一枚一枚のプレゼン資料の要点（言いたい点）を、キーワードとして覚えておくとよい。また、大学院によっては、英語での発表を課すところもある。英語に慣れていない方は、本審査のための英語によるプレゼンの練習を何度も行っておいた方がよいだろう。英語によるプレゼン、日本語によるプレゼン、いずれも一枚一枚のスライドで言いたいこと、キーワードを必ず押さえておくことが大事である。

　中には、博士、修士の研究発表のプレゼンで、スライドに記された文字をそのまま棒読みする人がいる。棒読みするプレゼンは、あまり優れているとは言えない。スライドには、必要なキーワードをちりばめ、図、写真、データを用いて、ビジュアル的に聞き手を納得させるよう、自分自身の言葉で補うのが基本である。

この練習を皆さんの所属している研究室のゼミや、個別の練習で何度も繰り返していただきたい。プレゼン資料を作成する際、小さな文字、大量の文章、小さな図、表は避けること。公聴会に参加してくれた一般の方々に、理解してもらえるよう、分かりやすいプレゼン資料の作成を心がけて欲しい。これは、発表者としての責務である。

　また、質疑応答に慣れていない方は、博士最終審査で想定される質問を事前にいくつも用意しておき、その質問に対するスライドと回答を用意し、頭の中にたたき込んでおくとよい。プレゼンは、完璧にできて当たり前だと思って欲しい。博士最終審査で最も大事なことは、そのあとの質疑応答（いわゆるディフェンス）にしっかりと対応することである。

　いくらよいプレゼンを行っても、質疑応答に全く対応できなければ、発表者として完全に失格である。質疑応答に慣れるためにも、自分の所属している研究ゼミの学生、指導教員に頼んで、リハーサルを何度も行い、どのような質問が飛び出すのか、どのような回答をすればよいのか、頭と身体にたたき込んでおこう。

　実際の博士および修士の最終審査でも、緊張のあまり、質問の内容を理解できなかったのか、全く違う回答をしてしまう、または、回答できず立ち往生してしまうという光景を何度も見てきた。もし、質問の内容が理解できない場合は、いい加減な回答をしてしまうのではなく、質問者に対して「今

のご質問は〜という意味でしょうか？」と質問の内容を確認していただきたい。

　また、博士の最終審査のプレゼン資料は、PowerPointなどのプレゼンテーション用のアプリケーションを使う方がほとんどであろう。PCの前に立って、スライドを送りながら発表する方もいるが、できれば、PowerPointのスクロール機能をもったレーザーポインターを用意しておきたい。

　PowerPointのスクロール機能をもったレーザーポインターは、博士の審査発表だけでなく、社内発表、学会発表などさまざまな場所で活用できる。いろいろな機能が盛り込まれているものも多いが、スライド送り、戻し、レーザーの3つの機能があれば十分だ。もっと言ってしまえば、4つ以上のボタンがついているレーザーポインターの使用は避けていただきたい。実際の学会発表や、社内での発表で何度も目にしたのは、発表者が複雑な機能をもったレーザーポインターを使いこなせずにいる光景である。操作を間違え、発表スライドの送り、戻しを何度も間違え、挙げ句の果てにはPowerPointを終了させるなど、聞き手を非常に混乱させていた。図5-2のような、シンプルな仕様で、PowerPointのスクロール機能をもったレーザーポインターを購入しよう。価格はおおよそ、1〜2万円である。

　博士の最終審査で発表する際の注意事項を、もう一つだけお話ししておく。発表時は、落ち着いて一語一語をゆっくり

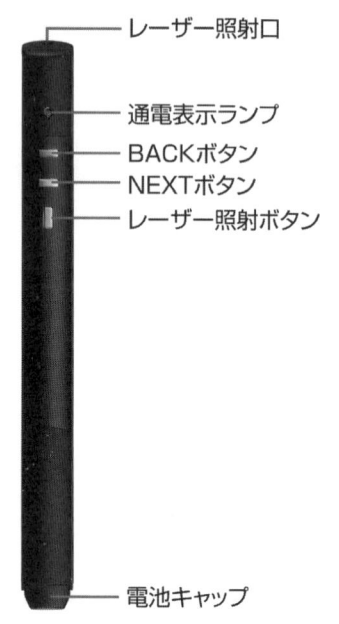

- レーザー照射口
- 通電表示ランプ
- BACKボタン
- NEXTボタン
- レーザー照射ボタン
- 電池キャップ

図5-2 PowerPointのスクロール機能をもったレーザーポインター
（サンワサプライ：LP-RF102）
http://www.sanwa.co.jp/product/syohin.asp?code=LP-RF102

話すことだ。さまざまな博士最終審査会、学会発表などに参加してきたが、緊張している方はみな一様に、早口で発表する傾向にある。技術的に複雑で、理解が難しい博士研究を話さなければならないのであれば、初めてその内容を聞く人でも分かるくらいの平易な言葉を使い、ゆっくり話していただきたい。

発表後、公聴会に参加していた一般の方々からたくさんの質問がでれば、そのプレゼンは、成功したと思ってよいだろう。質問がたくさんでるということは、皆さんの発表が分かりやすく、聞き手が理解していたという証明なのだ。

　博士最終審査会で、分かりやすいプレゼンを行い、参加者からたくさん質問をもらえるよう努力しよう。そのためには、博士最終審査前に、何度もプレゼンの練習を行って欲しい。

ポイント！　博士最終審査時に用いるプレゼン資料

- 平易な言葉で書かれていること
- 文字は極力大きく
- キーワードを入れる
- 図やグラフを入れて視覚的に表現すること

ポイント！　博士最終審査のプレゼンにおける心構え

- 事前に何度もプレゼンの練習をする
- プレゼン資料の文章を棒読みしない
- 発表はできて当たり前。質疑応答をしっかりすること
- 前もって質問を想定し、回答用のスライドを準備

以下は、慶應義塾大学大学院システムデザイン・マネジメント研究科に在籍している博士課程の社会人のために、私が書き記した博士学位審査時のメモの一部である。本書ですでに説明しているが、是非、参考にしてもらいたい。

　博士論文下読み会（予備審査前に行われる審査。本書では事前審査と呼んでいる）は、上述のように博士論文を主査、副査に分かりやすく説明し、博士論文の修正箇所を指摘していただくための確認会です。博士論文下読み会で、用意しなければならないのは「博士論文」「今まで採択された学術論文」「プレゼン資料」の3つです。これらを紙冊子でパッケージして、下読み会当日に、主査、副査の先生方にお渡しする必要があります。

　下読み会は、博士論文の構成（章）に従って、プレゼン資料にまとめ、発表、質疑応答する形をとります（合計120分程度）。私の場合は、1章ごとに質疑の時間を設け、1章ごとに深い議論ができるような工夫をしました。もちろん、すべての章を連続して発表しても問題ありませんが、審査する主査、副査の先生方の負担が大きくなってしまうので、1章ごとに質疑応答を行った方が個人的にはよいのではないかと考えています。

また、下読み会でいただいた指摘事項は、必ず博士論文にフィードバックしてください。博士論文改訂に時間が十分割けるのも、このタイミングです。下読み会で、博士号を取得する資格があると認められた場合、教員会議での了承を経て、予備審査、公聴会・本審査へと進みます。

　下読み会、予備審査、公聴会・本審査の日程は、主査、副査の先生方のスケジュールに合わせ日程調整されます。予備審査は、下読み会から約1カ月程度の期間をおいて実施されるケースが多いようです。予備審査は、下読み会同様、120分程度の審査時間で、発表と質疑応答を行う形となります。

　予備審査の際も、「博士論文（下読み会で指摘された事項を必ず改訂しておくこと）」「プレゼン資料」の2つを、主査、副査用に用意しておく必要があります。予備審査で発表する場合、下読み会で指摘された内容をしっかり改訂しておくこと、また、公聴会を想定したプレゼン資料に仕上げること、極端を言えば、公聴会でそのまま流用できるくらいの完成度が必要です。

　私の場合は、予備審査の資料があまりにも酷く、公聴会までの期間でプレゼン資料の大幅な修正に追われること

になり、非常に苦労をしました。予備審査で大きな問題がなければ、公聴会・本審査に進みます。通常、予備審査でも、さまざまな指摘をいただくこととなるので、指摘事項を公聴会・本審査用のプレゼン資料および博士論文に早めにフィードバックすることをお勧めします。

　最後に、公聴会・本審査となります。公聴会は、基本的にすべての人が自由に聴講し、質疑できる場であり、まさに自分の研究、論文の成果をここでアピールする必要があります。

　従って、なるべくすべての参加者が理解できるよう、平易な言葉と、大きな文字（最低でも、18～20ポイント以上）、分かりやすい図表を用いて説明しなければなりません。過去、修士の最終審査会などで、細かい文字、小さな図表で記されたbusyなプレゼン資料を用い、早い口調で、聞き手を混乱させる（理解不能にさせる）プレゼンを見たことがあります。そうしたプレゼン資料および発表は、聞き手に対し、非常に失礼にあたると考えます。

　少なくとも博士号を取得しようとする社会人学生としては、事前に何度もプレゼン資料を見直し、口頭発表練習を何度も繰り返し、平易な言葉を用いて、聞き手が理解できるような発表を心がけるべきだと思います。

また、公聴会後に、本審査（英語による審査）を行います。本審査は、主査、副査だけの審査会となります。普段英語に慣れ親しんでいない方は、事前に口頭発表練習と、想定される質問への回答を用意しておき、頭の中に入れておくとよいでしょう。

　本審査（英語による審査）の目的は、博士として、最低限の英語力をもっており、国際的に通用する研究者かどうかを見極めるもので、今まで国際会議などで発表された経験のある方にとっては、それほど難しいものではありません。

　英語のプレゼン資料は、国際会議で使ったプレゼン資料を使うこともできます。私の場合は、国際会議で使ったプレゼン資料を基に、博士論文発表向けに加筆、修正したものを使いました。

第6章 博士号取得が私の人生を変えた

　私は博士号取得後の2012年に、長年勤めた会社を辞めて、現在は、慶應義塾大学大学院システムデザイン・マネジメント研究科の特任講師および、慶應義塾大学大学院経営管理研究科（慶應ビジネススクール）の非常勤講師として活動している。博士課程在籍時に、恩師からいただいた言葉、企業在籍中に痛感した新規事業創出の難しさ、さらには、博士号取得後の大きなキャリア転身について私自身の実体験をご紹介したい。

6-1. 木を見て森も見る

　慶應義塾大学大学院システムデザイン・マネジメント研究科に入学した時、「木を見て森も見る」「T（ティー）型人間から▽（ナブラ）型人間へ」「リーダーシップ」これら3つの考え方を、当時の慶應義塾大学大学院システムデザイン・マネジメント研究科の研究科委員長である狼嘉彰先生（現在、慶應義塾大学大学院システムデザイン・マネジメント研究所顧問）から教えていただいた。

　まず、「木を見て森も見る」についてだが、大きな視野を持

ち合わせながら、小さな視点、言い換えれば詳細についても、きちんと目を配るという意味である。

私自身、本学研究科に入学する前は、会社の目先の業務にばかりとらわれ、全体を見渡すような仕事ができていなかった。例えば、企業における特定の組織にとって利益の出る仕事をしていても、それが、会社全体としてはどうなのだろうか、ましてや会社の外ではどうなのだろうか、と考えたことなどほとんどなかった。

また、「T型人間から▽型人間へ」という言葉もとても印象的だった。社会人経験の長い皆さんは、特定の分野についてはもちろんエキスパートかもしれないが、それが複数あるだろうか？ 支える木の幹となる部分が、1箇所より複数箇所あった方が、より安定するというのは容易に想像できる。加えて、それらの専門性を、他分野と多様な接点で関係づけられているだろうか？

現研究科委員長の前野隆司先生の言葉を借りるならば、自分の深い専門性（Tの縦の棒）と、さまざまな学問分野（Tの横の棒）を、▽のように、あらゆる観点で関係づけ結びつけられる人材こそ、これからの時代には必要とされる。

当時の私は、ある特定の分野に関してはエキスパートだが（自分で勝手に自負していただけかもしれないが）、それ以外の分野では全く見識がなかった。技術的なある特定の分野については深い見識をもっているつもりだったが、それ以外の

分野では全く知識も経験もなかったのだ。

また、リーダーシップの重要性だが、これは社会人である皆さんは理解できるであろう。会社に所属している皆さんは、組織の人間として、人と協業作業をしているはずだ。では、その協業作業をするにあたって、誰がイニシアチブをとっているのだろうか。社長？　役員？　部長？　直属の上司？

いや、実は皆さんこそがリーダーであり、イニシアチブをとらなければならないのだ。そのことを、自覚したことはあるだろうか。

私自身、複数の大きなプロジェクトを任された経験をもっている。会社間、事業部間、部門間のさまざまな利害関係を解消させようと、躍起になって活動していた時期もあった。ただ、人を動かす、組織を動かす、会社を動かすなど、自分が起点となってリーダーシップをとっていただろうか、と当時を振り返ると、どれも十分にはできていなかった。

後に述べるが、慶應義塾大学大学院システムデザイン・マネジメント研究科で学んだ「木を見て森も見る」「T型人間から▽型人間へ」「リーダーシップ」、この3つの考え方が、その後の私の人生の大きな支えとなっている。

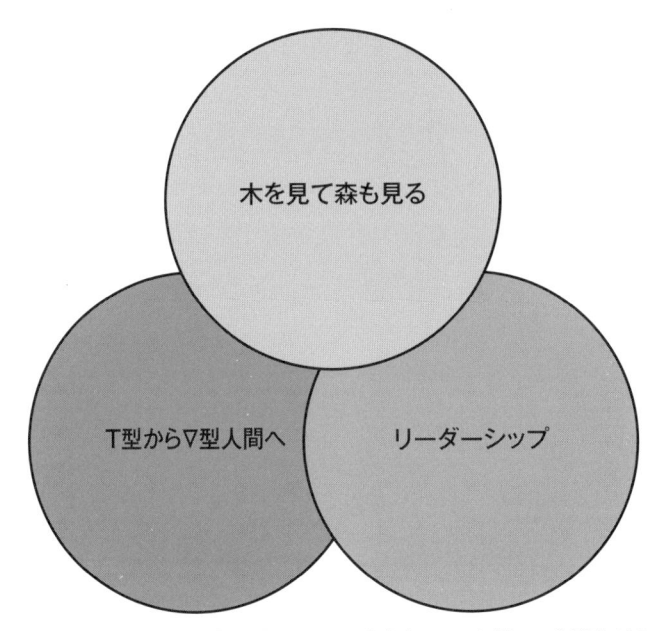

図6-1 慶應義塾大学大学院システムデザイン・マネジメント研究科の養成する人材

(円1: 木を見て森も見る / 円2: T型から∇型人間へ / 円3: リーダーシップ)

6-2. 新規事業創出ができない

　私自身、長くものづくりに携わってきたが、日本の技術は、なぜ世の中で日の目をみないのだろうか、企業にはこんなに優れた技術があり、優れたエンジニアがいるのに、この素晴らしいリソースを、なぜ活用できないのだろうかと、常に疑問に思っていた。

　私は、新規事業を開発するグループに配属され働き始めた頃に、その疑問に対する答えが徐々に理解できるようになってきた。まず人材であるが、企業の中、企業の外に存在している技術を、事業に結びつけるためのコーディネータが圧倒的に不足しているという事実であった。研究一筋数十年、開発一筋数十年、生産技術一筋数十年、営業一筋数十年など、分野ごとのエキスパートは企業内にたくさん揃っている。彼らの経験値は非常に高く、その能力も申し分ない。

　しかしながら、個々がもっている優れた技術を見つけ出し、その技術を組み合わせて、新しく事業化しようという話にはならない。私は当時、社内で新規事業を開発するグループに所属していた。社内にある技術を調査し始めた頃、素晴らしい技術がたくさん転がっているのに、新しい事業やサービスに結びつかない、なんてもったいないのだろうと感じていた。

　実は、研究者、開発者、生産技術者、営業のメンバー個別にヒアリングすると、この技術やサービスは、こんな事業に

適用できるはずだと、熱く語ってくれる。彼らも、自分たちのもっている技術を活用して、新しい事業に結びつけたいというモチベーションはもっている。

　しかしながら、自部門のミッションではないという理由や、上司に新規事業案を提出しても、どうせ却下されるといった理由で、彼らのもっている技術を使った事業化が提案できない状況であった。私自身も企業内にある素晴らしい技術を使った新規事業、新規サービスなどの提案を複数行ってきた。だが、事業の売上げの予測値は？　事業投資した場合、どの程度の期間で回収できるのか？　その事業の実現性は？　他の事業部との調整は可能なのか？　など、多くのハードルがあり、なかなか事業提案が通らず、いくつもの新規事業案がお蔵入りとなった。

　これは、私が所属していた企業だけでなく、日本国内のさまざまな大手企業からも同じような声を聞く。技術を発掘し、それを事業として成り立たせるコーディネータが不足しているのだ。当時の私は、事業コーディネータとしては完全に未熟であった。

　市場のニーズと技術をうまく組み合わせ、事業化するコーディネータの不足については、私の指導教員の一人である、慶應義塾大学大学院システムデザイン・マネジメント研究科教授 中野冠先生からもよくお話をいただく。中野先生も、企業がすべての技術を自前で、研究、開発する従来のやり方では

なく、必要な技術は外から買う、外と協力して創り出す、などの工夫をして、製品開発の時間を短縮し、また魅力のある製品を開発しなければならないと提言している。

加えて、特に、ものづくりからコトづくり、すなわち従来の製品開発・販売だけの事業から、製品を通じて魅力的なサービスを顧客に提供する、顧客価値を創造し、新たな収益が出るような事業の仕組みを提案できる人材が必要である。

私が企業に所属していた当時、狼嘉彰先生に、社内に素晴らしい技術があるのに、それを事業に結びつけることができないという悩みを相談した。狼先生からのアドバイスは、いたってシンプルなものであった。「都丸君が、そのコーディネータになればいいんだよ。技術は企業内だけでなく外にもある」

確かによく考えると、技術は、企業だけでなく、大学や、研究機関、競合会社にだってある。日本国内だけではない。世界中にある。また、技術をうまくコーディネートした素晴らしい事業モデルだって、日本国内だけでなく、世界中あちこちにある。これら、世界の技術資産を上手に活用できるような、事業コーディネータになろうと決心した。

私が博士号をとり、長年勤めた会社を辞め、人生の方向転換をしたのは、まさにその時であった。技術をマネジメントできる事業コーディネータになりたい。特に、日本国内の中小企業を支援したい。なぜなら、日本のものづくりを支えて

いるのは、間違いなく中小企業だからだ。しかしながら、ものづくり中小企業の売上げや利益は、この数十年ほとんど伸びていない。

　少しでもいいから日本のものづくりに対して貢献したい、という強い気持ち？　大きな決意？　から、会社を思い切って辞めてしまったのである。

6-3. 事業コーディネータとしてキャリア転身

　会社を辞めた現在、技術をマネジメントしながら事業をコーディネートする役割として、複数のものづくり中小企業を支援している。実際に、ここ2年間で活動した範囲はかなり広い。まずは、売れる製品をつくるための製品企画だ。これには、私が2009年、米国スタンフォード大学の訪問研究員時代に学んだ、ものづくり・価値創造の方法論の習得と、実践の経験が生きている。

　現在、中小企業と製品企画の共同研究を行っているが、この製品を企画するために、この1年間で200社以上の顧客と直接顔をあわせ、顧客の要望に直接耳を傾けた。そのうち、海外の顧客も、実に100社近くある。ある中小企業と一緒になって企画した製品は、私の所属する学会で、ものづくり大賞を受賞、国の公的資金の採択、さらには、国内、海外の複数のマスコミに取り上げられるなど、非常に高い注目を浴びている。

　また、製品企画の段階で同時に考えなければならないのは、どのような顧客に対して販売をするのか、どのようなチャネルを使って販売するのかということであり、実はここが一番難しいと感じている。本来であれば、B to Bのビジネスのため、日本国内の顧客（大手企業）に対して販売したいのだが、なかなか日本の顧客は目を向けてくれない。特に、日系の大

手企業は、中小企業と取引するための口座を作ることに対し、ネガティブな傾向にある。

　大手企業が、中小企業と直接取引するためには、口座の開設が必要である。大手企業は、取引をする企業の、財務の安定性や会社規模などを事前審査するのだが、中小企業の場合は、その審査に通らないのだ。従って、大手企業との取引を成立させたいのであれば、複数の商社を通さなければならず、結果、それぞれの商社から仲介手数料を取られてしまうため、中小企業の利益は格段に小さくなる。

　加えて、日本国内の大手企業が顧客となる場合、商談がまとまるまでの期間が非常に長い。商談を開始してから、最短でも1年、長ければ2～3年もかかる。大企業が減価償却を必要とする製品を購入する場合、予算計上、稟議書作成、各部門の承認、中小企業との口座がない場合は、どの商社を経由させて購入するか購入経路の検討を行う。これらのステップを経て初めて、中小企業へ製品の発注が可能になるため、極端に長い期間を要するのだ。

　こうしたことから、日本国内の大手企業を相手にした商談はなかなか難しいと感じている。最近では、日本貿易振興機構（JETRO）の協力を得て、欧州で開催される大きな展示会などに中小企業の製品を出展し、世界各国の顧客と直接商談している。

　日本国内と異なり、海外の大きな展示会では、決裁権をも

った経営者なども訪れるため、商談までの期間が非常に短い。その場で商談成立ということも多々ある。2014年のドイツで開催された世界的にも大規模な展示会では、スロベニアからの顧客が、我々の製品を展示したブースを訪れ、価格、品質、納期を確認し、その場で商談が成立しそうなところまでトントン拍子に話が進んだ（その後、顧客要求を満たすためには、製品の大がかりな設計変更が必要だということが判明し、すぐには決まらなかったのだが、商談の進行は非常に早く、とてもエキサイティングであった）。

　また、この1年で、欧州を拠点とした販売網を構築するべく、フランスの企業とディストリビュータ契約を結ぶなど、製品を海外展開する上で、大きな進展もあった。

　話は大きく脱線してしまったが、博士号を取得し、今まで長く勤めていた企業を辞めた後の、私の人生は大きく変わったということである。日本および世界の顧客に受け入れてもらえる製品を企画するべく、1年間で200社以上の顧客と会い、我々の提案する製品仕様（仮説提案）を顧客に何度も確認してもらうことで（仮説の検証）、確実に売れる製品の仕様を決めることができた。実際に、中小企業と協業で企画した製品を世界で販売したいという、外国企業からのオファーも数多くいただいている。

　まさに、博士課程時代に学んだ研究のやり方、仮説と検証を実務で実践しているだけである。

また、上記で述べたように中小企業の製品企画と販売展開については、私が米国スタンフォード大学で学んだ、ものづくり・価値創造の方法論を、現場で実践、応用したものだ。この米国スタンフォード大学で開発された、ものづくり・価値創造の方法論をさらに進化させたものが、現在、慶應義塾大学大学院システムデザイン・マネジメント研究科のコアカリキュラムとして学生に展開されている。詳細を知りたい方は、前野隆司編著『システム×デザイン思考で世界を変える 慶應SDM「イノベーションのつくり方」』（日経BP社，2014）を読んでいただきたい。

　最後になるが、6-1で説明した「木を見て森も見る」「T型人間から▽型人間へ」「リーダーシップ」この3つは、皆さんに是非実行してもらいたい。例えば、製品の企画や開発に携わっている方であれば、技術の種は自分の所属している会社だけでなく、世界各国の大学、研究機関、企業にあるという広い視野をもって欲しい。

　そして、その技術の種がどのようにすれば事業として展開可能なのか、また、皆さんが展開したい事業に対して、顧客のニーズを捉えた広い視野（木を見て森も見る）で考えていただければと思う。

　また、皆さんの得意としている専門領域の知見を深めることはもちろんだが、複数の専門領域をもち、かつそれを、多くの接点で他分野と結びつけるという意識をもっていただき

たい。6-1で説明した「T型から▽型人間」になるということだ。私も道半ばだが、元々の自分の専門領域だけでなく、別の分野と繋がる専門性を身につけようとしている。中小企業と二人三脚で、これからも数多くの顧客を訪問し、顧客の課題、潜在的な要望をつかむことで、中小企業の事業コーディネートや製品企画を実践していきたいと考えている。

　最後にリーダーシップであるが、皆さんの日常の業務で、部門内、部門間、事業部間、会社間をまたがる業務やプロジェクトがあれば、自ら率先して、それらをマネジメントしていただきたい。私も、企業に在籍していた時に、製品の品質改善、海外の部品調達戦略等々、数十人を率いる複数のプロジェクトを経験してきた。部門内、部門間、事業部間、会社間で人を動かすということは、非常に困難であり、精神的にも肉体的にもかなり重労働だったことを今でも覚えている。ただ、この経験は、中小企業の経営者と、数多くの顧客の間にたって事業コーディネートする上で、とても役に立っている。

　最後になるが、皆さんが本書を手にとり、博士号取得に対する興味、意欲が少しでも湧き出たのであれば、筆者としてはこの上ない喜びである。

謝辞

　本書を企画し、出版する上で、研究社編集部の吉田尚志氏、松本千晶氏に多大なご支援、ご協力をいただいた。吉田氏、松本氏が、博士号をこれからとりにいく社会人学生の立場になって、大学院をどのようにして選んだらよいのか、仕事と研究活動は両立できるのだろうか、博士号をとった時のメリットはあるのだろうか、など素朴な疑問を投げかけてくれたことが、本書を企画、構成する上で非常に役立った。ここに厚くお礼を申し上げたい。

　慶應義塾大学大学院システムデザイン・マネジメント研究科講師 松崎久純氏に感謝の意を表したい。私が本書を出版できるのは、まさに松崎氏のサポートのおかげであり、企画書の段階から脱稿まで事細かに、指導していただいた。また、執筆途中も何度も私のオフィスに立ち寄り、温かい励ましのお言葉をかけてくださった。松崎氏のアドバイスがなければ、本書の完成はなかっただろう。

　また、私の大学院の指導教員である、慶應義塾大学大学院システムデザイン・マネジメント研究科教授 中野冠氏、同研究科教授 西村秀和氏にもお礼を申し上げたい。お二人には、大学院入学前からの研究計画の指導、大学院入学後の研究の

進め方、博士号取得後のキャリア相談など、公私にわたりさまざまなご指導をいただいた。本書の骨子は、まさにお二人から指導をいただいた内容を網羅したものである。

慶應義塾大学大学院システムデザイン・マネジメント研究科委員長・教授 前野隆司氏に深謝する。ご多忙の中、本書の内容を精査してくださり、有益なアドバイスをくださったおかげで、正確性を高めることができた。

慶應義塾大学大学院システムデザイン・マネジメント研究所顧問 狼嘉彰氏、同研究所顧問 日比谷孟俊氏のお二人にも厚くお礼を申し上げたい。お二人は、2008年に設立された慶應義塾大学大学院システムデザイン・マネジメント研究科の立ち上げに大きく貢献され、社会人学生を積極的に受け入れてくださった、当時の研究科委員長、副委員長である。お二人からは、本書を執筆する上でいろいろとご助言をいただいた。

米国スタンフォード大学での研究の機会をあたえてくださった、米国スタンフォード大学機械工学科教授 故石井浩介氏にも、厚くお礼を申し上げる。米国スタンフォード大学での研究経験がきっかけになり、その後の私のキャリアを大きく転換、前進させてくれた。同大学内での博士最終審査に立ち会えたことも、本書を執筆する上で非常に参考になった。

また、慶應義塾大学大学院経営管理研究科委員長・教授 河野宏和氏、同研究科教授 姉川知史氏に感謝の意を表したい。私の博士学位論文の指導をしてくださっただけでなく、社会

人学生が研究を行う上で大事なのは、現場で実践することなのだということを、何度もご教示いただいた。本書には、お二人からいただいたアドバイスが所々に盛り込まれている。

　慶應義塾大学大学院システムデザイン・マネジメント研究科准教授 当麻哲哉氏に厚くお礼を申し上げたい。当麻氏は、当研究科の教員をしながら、社会人学生として博士号を取得された。当麻氏の博士最終審査会のプレゼンテーションは、明瞭、簡潔な言葉でとても分かりやすく、社会人学生に是非展開したいと思い、博士最終審査会の写真掲載許可を無理矢理お願いし、ご快諾いただいた。

　芝浦工業大学大学院工学マネジメント研究科（MOT）教授 堀内義秀氏に深く感謝する。堀内氏ご自身が、米国でPh.Dを取得した際の体験談を生々しく伝えてくれた。本書を執筆する上で非常に参考になった。

　慶應義塾大学大学院システムデザイン・マネジメント研究科の専任教員および特任教員にも、お礼を申し上げたい。私が博士号を取得できたのも、各教員の指導、アドバイスのおかげであり、さらに、私が博士課程の在籍時に執筆したメモ「博士取得に関するアドバイス」を、博士課程の学生に展開してくれた。

　また、本書を執筆する上で、慶應義塾大学大学院システムデザイン・マネジメント研究科、慶應義塾大学大学院経営管理研究科（慶應ビジネススクール）、慶應義塾大学大学院メデ

ィアデザイン研究科、慶應義塾大学大学院理工学研究科の博士課程および修士課程の社会人学生には、本書を執筆する上でのヒアリングに応じていただいただけでなく、本書の内容を実践していただき、その有効性をフィードバックしてくれた。深く感謝する。

　最後に、私をサポートしてくれた家族に深く感謝している。家族のサポートがなければ、こうして最後まで本書を書き上げることはできなかった。本当にありがとう。

参考文献

1. 文部科学省「学校基本調査（平成24年度）」
2. 文部科学省「各大学院における「大学院教育振興施策要綱」に関する取組の調査結果（平成23年度）」
3. 文部科学省「博士課程の職業別就職者数（平成25年度）」
4. 「慶應義塾大学大学院システムデザイン・マネジメント研究科パンフレット（2014年）」
5. 櫻井雅夫『レポート・論文の書き方　上級』慶應義塾大学出版会，1998.
6. エステール・M・フィリップス，デレック・S・ピュー,角谷快彦訳『博士号のとり方―学生と指導教官のための実践ハンドブック』出版サポート大樹舎，2010.
7. 小笠原喜康『新版 大学生のためのレポート・論文術』講談社，2012.
8. 早稲田大学出版部編『卒論・ゼミ論の書き方』早稲田大学出版部，2002.
9. 河野哲也『レポート・論文の書き方入門』慶應義塾大学出版会，1997.
10. 吉田健正『大学生と大学院生のためのレポート・論文の書き方』ナカニシヤ出版，1997.

⑪ 滝川好夫『学生・院生のためのレポート・論文の作成マニュアル』税務経理協会，2011．

⑫ 近江幸治『学術論文の作法』成文堂，2011．

⑬ 新堀聰『評価される博士・修士・卒業論文の書き方・考え方』同文舘出版，2002．

⑭ 鎌谷朝之『アメリカへ博士号をとりにいく―理系大学院留学奮戦記』化学同人，2001．

⑮ 榊原正幸『博士号への道―海外で学位をとるために』同文舘出版，2003．

⑯ 並木伸晃『米国博士号をとるコツ―あなたの都合にあわせてくれる米国大学院の利用術』創成社，2007．

⑰ 工藤美知尋『大学院受験のための研究計画書の書き方―理論と実践』晶文社，2011．

⑱ 妹尾堅一郎『研究計画書の考え方―大学院を目指す人のために』ダイヤモンド社，1999．

⑲ 北原保雄監修，日本学生支援機構東京日本語教育センター著『実践研究計画作成法―情報収集からプレゼンテーションまで』凡人社，2009．

⑳ 細川英雄『研究計画書デザイン―大学院入試から修士論文完成まで』東京図書，2006．

㉑ 石井浩介，飯野謙次『設計の科学―価値づくり設計』養賢堂，2008．

[22] 前野隆司, 保井俊之, 白坂成功, 富田欣和, 石橋金徳, 岩田徹, 八木田寛之『システム×デザイン思考で世界を変える 慶應SDM「イノベーションのつくり方」』日経BP社, 2014.

[23] 都丸孝之「生産終息を迎えるコンポーネント代替えのための品質評価プロセスと設計変更マネジメント」慶應義塾大学大学院システムデザイン・マネジメント研究科 博士学位論文, 2012.

[24] 東京工業大学大学院イノベーションマネジメント研究科
http://www.mot.titech.ac.jp/

[25] 筑波大学東京キャンパス社会人大学院（博士後期課程）
http://www.office.otsuka.tsukuba.ac.jp/wp/

[26] 慶應義塾大学大学院システムデザイン・マネジメント研究科
http://www.sdm.keio.ac.jp/

[27] 埼玉大学大学院経済科学研究科
http://www.eco.saitama-u.ac.jp/grad/content/doc_index.html

[28] 北陸先端科学技術大学院大学（社会人博士後期課程プログラム）
http://www.jaist.ac.jp/tokusetsu/kouki.html

[29] 公益財団法人 私立大学通信教育協会
http://www.uce.or.jp/graduate_school/

[30] 慶應義塾大学大学院システムデザイン・マネジメント研究科（博士課程学位取得までの流れ）
http://www.sdm.keio.ac.jp/student/phd/flow.html

31 首都大学東京（博士号授与に関する学位論文審査基準及び学位授与プロセス）

http://www.tmu.ac.jp/kyouikujouhoutop/arbitrary-matter/dshinsakijun.html

32 法政大学（学位授与プロセス）

http://www.hosei.ac.jp/gaiyo/johokokai/kyoiku/kyoiku/gakui_juyo.html

33 慶應義塾大学　理工学部　数理科学科（後期博士課程の修了要件）

http://www.math.keio.ac.jp/information/post_3.html

34 山口大学医学部学務課（大学院医学系研究科　医学博士課程学位申請の手引き）

http://ds.cc.yamaguchi-u.ac.jp/~gakumu/bunai_g/gakui/gakui.htm

35 九州大学大学院　医学系学府　医科学専攻・医学専攻（学位論文審査方法）

http://www.grad.med.kyushu-u.ac.jp/doctors_course/method.html

36 早稲田大学　理工学術院（博士学位申請　申請の手順とスケジュール）

http://www.sci.waseda.ac.jp/students/doctoralthesis/process/

[37] 文部科学省（博士論文研究基礎力審査の導入について）

http://www.mext.go.jp/a_menu/koutou/daigakuin/detail/1318971.htm

[38] 京都大学　工学部・大学院工学研究科（博士学位論文）

https://www.t.kyoto-u.ac.jp/ja/education/g-procedures/thesis

[39] 東京大学理学部物理学科・大学院理学系研究科物理学専攻（博士学位論文）

http://www.phys.s.u-tokyo.ac.jp/stud/da/d_ron/d_ron.html

[40] 東京外国語大学（審査委員及び審査結果）

http://www.tufs.ac.jp/education/pg/theses/doctorate.html

[41] 東京工業大学（卒業要件・修了要件）

http://www.titech.ac.jp/enrolled/procedures/degree_requirements.html

[42] 日本設備管理学会

http://www.sopej.gr.jp/index.php

[43] 日本設計工学会

http://www.jsde.or.jp/japanese/index.html

[44] 日本教育工学会

http://www.jset.gr.jp/index.html

[45] 日本呼吸器学会誌

http://journal.kyorin.co.jp/journal/ajrs/index.php

46 日本環境感染学会

http://www.kankyokansen.org/

47 日本看護科学学会

http://jans.umin.ac.jp/index.html

48 日本神経学会

http://www.neurology-jp.org/index.html

49 日本臨床外科学会

http://ringe.jp/index.html

50 日本放射線技術学会

http://www.jsrt.or.jp/data/

51 Google Scholar

http://scholar.google.co.jp/schhp?hl=ja

52 CiNii

http://ci.nii.ac.jp/

53 JDream III

http://jdream3.com/service/

54 Web of Science

http://ip-science.thomsonreuters.jp/products/wos/

55 JSTOR

http://www.jstor.org/

56 医中誌Web

http://login.jamas.or.jp/

57 日経BP記事検索サービス
http://bizboard.nikkeibp.co.jp/kijiken/index.html
58 日経テレコン21
http://t21.nikkei.co.jp/index.html
59 ProQuest Dissertations & Theses Database
http://www.proquest.com/products-services/pqdt.html
60 学術研究データベース・リポジトリ
http://dbr.nii.ac.jp/infolib/meta_pub/G9200001CROSS
61 慶應義塾大学学術情報リポジトリKOARA
http://koara.lib.keio.ac.jp/xoonips/
62 サンワサプライ
http://www.sanwa.co.jp/product/syohin.asp?code=LP-RF102
63 日本総合健診医学会
https://jhep.jp/jhep/rinri/eth08.jsp
64 日本医書出版協会
http://www.medbooks.or.jp/forauthor/qa.php
65 日本機械学会
http://www.jsme.or.jp/
66 同志社大学「大学院・専門職大学院案内2015」
67 日本呼吸器外科学会（二重投稿について）
http://www.jacsurg.gr.jp/journal/nijyutoko.html

68 日本健康科学学会（学会誌特別査読掲載制度について）
http://www.jshs.gr.jp/books/publish_system.html
69 日本設計工学会
http://www.jsde.or.jp/japanese/index.html
70 日本コンピュータ外科学会（特急査読のご案内）
http://www.jscas.org/jjscas-appli.htm
71 砥粒加工学会（特急校閲）
http://www.jsat.or.jp/journal/writing.jsp
72 筑波大学（大学院入学案内「早期修了プログラム」について）
https://www.tsukuba.ac.jp/admission/graduate/s-program.html
73 電気通信大学大学院情報システム学研究科（博士号支援制度）
http://www.is.uec.ac.jp/about/support.html
74 静岡大学創造科学技術大学院（修業年限の特例（早期修了）に関する取扱い）
http://gsst.shizuoka.ac.jp/nyushi/shuryo.html
75 奈良先端科学技術大学院大学（修業年限の弾力化）
http://www.naist.jp/admission/d03_03_j.html
76 早稲田大学経済学研究科（早期修了制度）
http://www.waseda-pse.jp/gse/jp/about/curriculum/post-13.html

[77] 信州大学大学院総合工学系研究科（早期修了制度）
http://www.shinshu-u.ac.jp/graduate/interdisciplinary/admissions/early.html

[78] 立命館大学大学院経済学研究科（学位授与の申請について）
http://www.ritsumei.ac.jp/gsec/student/student_news.html/?student_news_id=16

[79] 大分大学工学部・大学院工学研究科（学位申請の手引）
http://www2.cc.oita-u.ac.jp/eng/kenkyuka0603.html

[80] 早稲田大学大学院環境・エネルギー研究科（博士学位論文のまとめ方と審査への対応）
http://www.waseda.jp/weee/company/hakase_exam%20ver1.html

[81] 早稲田大学大学院環境・エネルギー研究科（博士論文の「審査基準」と「審査プロセス」および「研究指導と論文の作成プロセス」）
http://www.waseda.jp/weee/labo/dissertation.html#s_03

[82] 前野隆司「困難な時代をリードする大局観を持った人材の育成を—慶應義塾大学大学院システムデザイン・マネジメント研究科の取り組み」トヨタ紡織技報, Vol. 5, 2011.3, pp. 3-7.

◎著者紹介

都丸孝之(とまる・たかゆき)

慶應義塾大学大学院システムデザイン・マネジメント研究科特任准教授、慶應義塾大学大学院経営管理研究科（慶應ビジネススクール）非常勤講師。

大手複写機メーカーに勤務しながら、社会人学生として慶應義塾大学大学院システムデザイン・マネジメント研究科にて博士号（システムエンジニアリング学）を取得。在学中、米スタンフォード大学にて顧客価値分析を活用した事業創出および製品企画プロジェクトに参画。現在は、国内の複数の企業に顧客価値分析を用いた事業創出プログラムを展開している。

専門分野は、新規事業の創出、モノとコトづくり（サービスづくり）の融合、低コスト部品を調達するためのサプライヤーの開拓・評価など。

働(はたら)きながらでも博士号(はくしごう)はとれる

2014年 9 月 1 日　初版発行
2019年12月20日　　3 刷発行

著　　者　都丸孝之(とまるたかゆき)
発 行 者　吉田尚志
発 行 所　株式会社 研究社
　　　　　〒102-8152 東京都千代田区富士見2-11-3
　　　　　電話　営業：03-3288-7777 (代)　編集：03-3288-7711 (代)
　　　　　振替　00150-9-26710
　　　　　http://www.kenkyusha.co.jp/
印 刷 所　研究社印刷株式会社
装丁・組版　常松靖史 [TUNE]

Ⓒ Takayuki Tomaru, 2014
ISBN978-4-327-37905-6 C0037　Printed in Japan

KENKYUSHA
〈検印廃止〉